イライラしない子育て

一般社団法人青少年養育支援センター
陽氣会代表理事
杉江 健二
Kenji Sugie

桜山社
SAKURAYAMA SHA

イライラしない子育て

杉江　健二

はじめに

我が家は父の代から親子二代にわたって約40年間、名古屋市内で養育里親をしています。現在は、ファミリーホーム「陽氣道場」を夫婦で運営しています。

私が子どもだった頃、我が家に委託されてくる里子は、やんちゃな子ばっかりでした。「ボンタン」を履いていたり、「剃りこみ」が入っていたり、「アンパン」なんて言葉もよく耳にした時代でした。ありがたいことに、このお兄ちゃんたちと一緒にいたお陰で、学校ではいじめられることはありませんでした。

しかし、今となっては、それは遠い昔の話で、今そうした、いわゆるやんちゃな里子が委託されることはほとんどありません。ここ20年くらいに、委託児童は、「非行系」から「虐待系」へと変わってきました。それもそのはず、２０１９年度（令和元年度）の名古屋市児童相談所への相談件数（７４５０件）のうち非行相談は２３６件、全体の３％にすぎません。ところが、虐待相談は３８９２件、全体の52％にもおよびます。児童相談所からの委託で里子を養育する里親家庭に、虐待を受けた子ども（被虐待児童）たちの割合が増えるのはこのデータからも明らかです。

　さて、被虐待児童を養育するようになり、私の中で日に日に大きくなっていった気持ちがあります。それは、養育するなかで、それまでには経験したことのないようなイライラした気持ちを抱えるようになったのです。

　虐待をされた子どもたちは、一見おとなしそうな子が多いのですが、一度キレると手がつけられないほど暴れ、部屋に閉じこもって何週間も誰とも口をきかない子が結構います。また誰彼かまわず煽ったり、私たちをわざと怒らせたりして、自分の不安な気持ちを解消しようとする「試し行動」を連発するなど、以前の「非行系」の里子たちには見られなかった問題が次々と起きるようになってきました。

　その結果、私をはじめ家族がまいってしまい、里親活動を一旦お断りしなければならないような事態にまでなってしまったのです。

　こうした経験を通して、私が痛感したことは、いくら養育する私たちの側に子どもの問題を何とかしようという強い思いや熱意、愛情があったとしても、その問題に対する適切な対応方法（コツ）を私たち養育者側が常に持っていなければ、「思い」や「気持ち」だけで何とかしようとしても、それが空回りして却って問題を悪化させたり、ややこしくしたりするということでした。「思い」や「気持ち」の他に＋アルファの養育のコツがこれからは必要だと強く認識させられました。

子育てのイライラ感は、子どもが親の思うようにやってくれない、動いてくれない、育ってくれないというところからくることが多いのです。

そのイライラを解消するには、さらに子どもへの「思い」や「気持ち」をより強く持ち、子どもの問題に向かおうとするだけではなく、その問題を解決する「コツ」を学び、実行することがそのイライラを解消することにつながっていくと思っています。子育てにおいて、いろいろと失敗を繰り返し、そこから多くのことを学ぶことが大切になってきます。

しかし、子育ては「失敗した！」と後悔しても、二度と過去に戻ってやり直すことができません。

それならば、先輩パパママの失敗を参考にして、同じ過ちをできるだけ避ける方が賢明なのではと思います。そのためには、「子育てを学ぶ」ことが必要だと強く感じています。

今、思い返せば、私も悔やんでも悔やみきれないほどの失敗をしてきました。可能であるならば子育てをもう一度やり直してみたいというのが本音です。そして、もっと早く子育てについて学んでいたら良かったのに……と後悔することばかりです。

この本には、私を含め多くの先輩パパママたちの「もう一度、子育てをすることができるなら、絶対こんなふうにして育てるだろうなあ」という、数多くの失敗から得た「子育ての知恵袋」がまとめてあります。これから子育てをしようとしている若いパパママさんに向けて書いた、先輩パパママからのアドバイスと思って読んでいただけたらと思います。

本書『イライラしない子育て』はコミュニカティブ・ペアレンティング・アプローチ（ＣＰＡ）の入門書の位置づけとして執筆致しました。

子育てに少し疲れたり、イライラしたりしているパパママや里親さんが、この本を読んで、「私も一緒やわ〜」と共感できたり、子育てのコツがわかったりして、「イライラしない子育て」に少しでも近づけるヒントが見つかればと願っております。

イライラしない子育て　目次

第八章　名古屋方式

第一章　子育てを学ぶ時代

「孤育て」時代の「子育て」

孤育て

少子高齢化が言われて久しい今日ですが、子どもの数は年々減少しているにも関わらず、子育てにつまずいたり、子育てに悩み苦しんだりしておられる親御さんが年々増えているように感じます。完璧な親がいないのと同様、完璧な子育てなどどこにもないのです。

現在、ほとんどの家庭が核家族であり、夫婦もしくは一人親など、親のみで子育てをしなければならないことが多く、しかも「無縁社会」という言葉でも表現されるように、現代の日本社会では地域や血縁のつながりが益々希薄になってきています。したがって、子育てに困っても、周囲に相談できる人がなかなか見つからないケースや、たとえ見つかったとしても、どのようにしたら子どもが良くなるのか、どうしたらいけないのかを具体的に分かりやすくアドバイスしてくれる人は、ほとんどいないのが実情です。

こうした地域やコミュニティから孤立した状態での子育てを「孤育て」と呼んでいます。２０２０年４月、新型コロナウイルスの蔓延に伴う緊急事態宣言の発出や感染防止対策による外出自粛などにより、益々「孤育て」状態にある親御さんが増えているようです。

人間は「共同養育」

２０１６年に放送されたＮＨＫスペシャル「ママたちが非常事態宣言!?」は、現代の子育て中の母親が抱える苦悩を最新科学の分析から解き明かし、大反響を呼びました。

その番組の中でもっとも注目を浴びたのが、そもそも人間は親だけで子育てを行う生き物ではなく、社会の人、周囲の人たちと協力し合いながら皆が共同で子育てを行う動物なのだという「コペアレンティング（coparenting）」、すなわち、「共同養育」という考え方でした。

その番組をきっかけに、人間は「孤育て」ではなく「共同養育」によって子育てを行う必要があるという考え方が、世の中に広まっていきました。

女性ホルモン（エストロゲン）

女性は出産後、精神的に不安定になることがあります。それは、女性ホルモンの代表的なもの「エストロゲン」という性ホルモンと関係していると言います。

エストロゲンは、卵巣で作られるホルモンで、女性らしいからだ作りをたすけるホルモンです。特に女性が妊娠をすると分泌量が増え、妊娠を継続するために子宮に流れる血流を増やしたり、乳管を発達させて母乳を作る準備をしたりする働きがあります。

しかし、出産を終えると体内でそうした働きをする必要がなくなるため、出産をピークにこの「エストロゲン」は急激に減少します。

実は、出産後この女性ホルモン「エストロゲン」の急激な減少によって、母親の体内のホルモンバランスが崩れ、それが原因で産後、女性が精神的に不安定になったり、うつ的になったりすることが分かっています。

つまり、母親が子育てで孤独や不安を感じるのは、この「エストロゲン」が大きな要因となっているのです。

研究によれば、産後「エストロゲン」が急激に減少し、母親を不安定な状態にさせ

エストロゲンの分泌量の変化

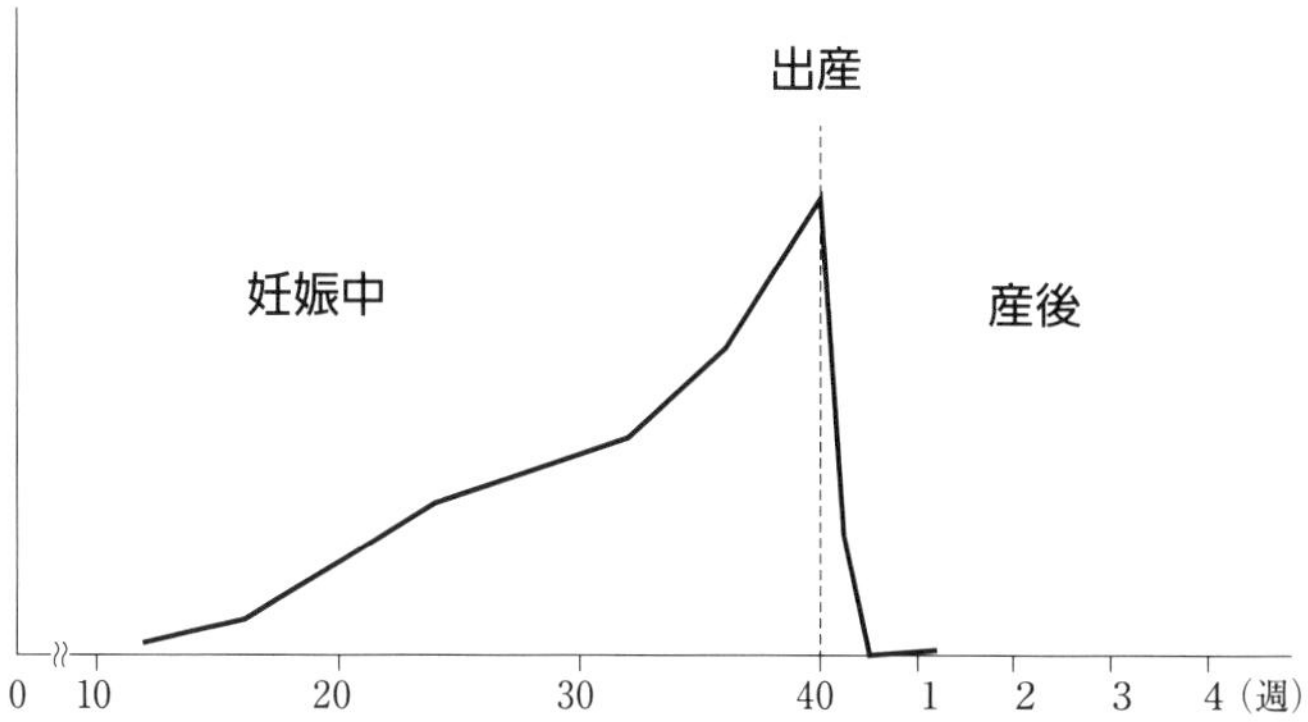

参考：NHK スペシャル「ママたちが非常事態 !?　～最新科学で迫るニッポンの子育て～」

たり、イライラさせたりするような仕組みになっているのは、母親に「共同養育」を促すためなのだそうです。

人間は、産業革命以後、社会のしくみを大きく変化させ、日本の多くの家庭も高度経済成長を経てその暮らしは一変しました。そしてそれは、子どもを産み育てるという子育ての営みにも大きな変化をもたらしました。

核家族化が急激に進み、現在、日本の約８割を超える家庭が核家族世帯と言われています。その結果、夫婦のみ、もしくはどちらか一人の親が子育てをしなければならない状態を作り出してしまいました。

「共同養育」という人間本来の子育てのあり方と、核家族化と地域におけるコミュニティの崩壊による「孤育て」という矛盾が、現代の日本の子育て中のパパママの子育ての過酷さや困惑感に大きな影を落としています。

無免許運転は事故のもと!?

かつての日本には、社会全体で子育てをする環境がありました。しかし、現在は親のみで子育てをする時代となり、子育てをサポートする人が周囲にはほとんどいません。子育ての経験や知識の伝承もなくなってしまったのです。

とはいえ、核家族から昭和以前の大家族に戻り、大勢の家族が子どもの養育に携われるような子育てを実現することは、現実的には難しいことです。

また地域のネットワークもかつてのような醤油の貸し借りをするような緊密なコミュニティに立ち返り、地域全体で子どもの養育をサポートするような社会を作ることも現時点では不可能です。

若いお母さんの中には、生まれて初めて抱っこするのが我が子だった方も少なくありません。以前は兄弟姉妹や親戚知人の子どもの数も多く、親になるまでにいろいろな場面で子どもと接する機会が多くあったのですが、今は子どもの数が少なくなり、子どもと接する機会も少なく、子どもの扱い方や接し方を知らぬまま親になる人が非常に多いように思います。

したがって、親になっても子どもの育て方、しつけの方法が分からないのです。分からないから、自分が育てられてきた方法で子どもを育てるしかないのです。自分が叩かれて育ってきた親は、自分の子を叩いてしまうような子育てに陥ってしまうことにもなるのです。

であるならば、それまで小さな子どもにほとんど接したことがないような人が親になる前に、子どもの発達や特性、基本的なしつけの方法など子育てのいろはを学べるような仕組みや場を確保することは、たいへん重要なことだと思います。

自動車運転と子育て

もし、あなたが自動車教習所に通うこともなく、ある日突然、車を与えられて、「今日からこの車を運転しなさい」と言われたらどうでしょうか。

【イラスト1】のようにどれがアクセルでブレーキかも分からず、ウインカーの出し方すら知らずに車を運転したら、事故に遭う可能性は極めて高くなってしまいます。

もちろん私たちはそうならないために【イラスト2】のようにちゃんと自動車教習所

に通い、正しい車の乗り方、扱い方や交通ルールを習います。

【イラスト１】

【イラスト２】

しかし、車よりもっと扱い方（育て方）が難しいにも関わらず「子どもを育てる（しつける）」方法については、全く学ぶ機会もなく私たちは親になるのです。

その結果、【イラスト３】のように、子育てにおけるさまざまな問題への対処の仕方が分からず、イライラしたり、怒鳴ったり怒ったりするだけの子育てに陥ってしまうことが多々あるのです。

私は常々、「子育てを学ぶ時代」が来ていると申し上げています。

これからの時代は、親が子育てに関する最低限必要な養育技術（コツ）や知識を学

【イラスト3】

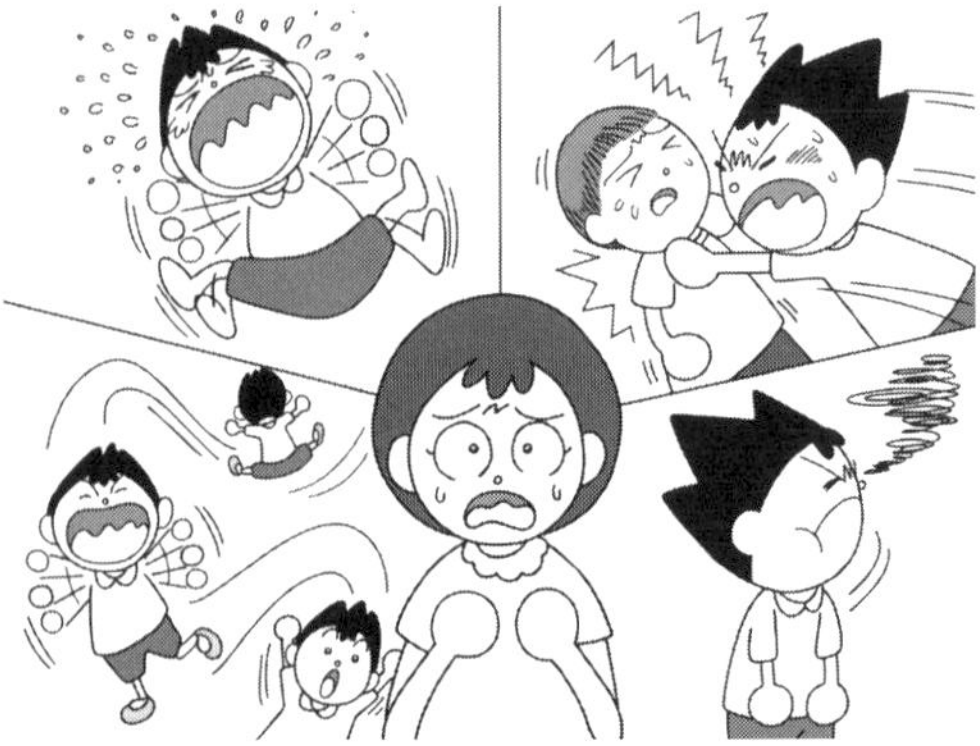

【イラスト4】

ぶ必要があるのではないでしょうか。社会・コミュニティにおける関係性がますます希薄になっていくなかで、できるだけ「孤育て」に陥らないように、さまざまな「子育て支援拠点」「子育て支援機関」などの社会資源と繋がっていくだけでなく、【イラスト4】のように、今後はいろいろな子育てに関する講習会や市や区などが主催する「子育て講座」などを通じて、子育てのコツ（養育技術）を学び、自らが養育力を向上させていく必要があると感じています。

第二章　誰もが陥りやすいマルトリートメント

マルトリートメントの恐ろしさ

マルトリートメントとは

マル（mal）はフランス語で「悪い」、トリートメント（treatment）は「扱い」という意味で、「マルトリートメント（maltreatment）」とは「不適切な養育」と訳します。

子育てのなかで子どもが言うことを聞かなかったり、親の許容を超える問題を起こしたりした時、大きな声で怒鳴ったり、思わず軽く手が出ることがあります。それは決して子どもが憎いからやっているのではないと思います。我が子に良い子になってもらいたい故の行為だと思います。

しかし、たとえ子どもが悪いことをしたからと言って、子どもを叩いたり、怒鳴ったり、時には感情にまかせて厳しく怒ってしまうことは、子ど

もの脳や心の発達にとって「不適切な養育」になっているのです。

児童虐待による痛ましいニュースが連日のように流れ、その度に心が締め付けられるような気持ちになります。

「マルトリートメント」はそうした児童虐待とほぼ同じような意味になります。そして、子どもに見て分かる傷やＰＴＳＤ（心的外傷後ストレス障害）のような精神的な強いダメージを与えなくても、行為そのものが子どもにとって過度なストレスとなり、知らず知らずのうちに子どもの心や脳も傷つけているようであれば、それはれっきとした「マルトリートメント」に該当します。

「体罰等によらない子育てのために～みんなで育児を支える社会に～」（厚労省令和2年「体罰等によらない子育ての推進に関する検討会」）によれば、「自転車の補助イスに子どものみを乗せておき、買い物をする」「高層マンションのベランダに踏み台となるような物が置いてある」「親のたばこ、ライターを無造作に子どもの手の届くところに置く」などもマルトリートメントの行為に含まれます。その他にも「子どものいる前で夫婦ケンカをする」「強めに叱る」「忙しさを理由に子どもの話を聞かない」「授乳中のＳＮＳやＹｏｕＴｕｂｅ動画」「兄弟間差別」「過度な放任」「愛の鞭としてのおしりペンペン」など、児童虐待とは思えないような行為も、実は、子どもの心と身体の健全な成長を妨げる不適切な養育として「マルトリートメント」にあたるのです。

子どもの脳への影響

では、なぜマルトリートメントがいけないのか。

それは子どもの権利を侵害しているから。法律で禁止されている行為だからです。そもそもそんなことをされて喜ぶ子どもはどこにもいない。などさまざまな倫理的、法律的、心情的な理由があります。

ただ、私が親にとってもっとも説得力があると感じているのは、こうしたマルトリートメントによって、子どもの脳が物理的に傷つけられる、場合によっては変形までしてしまい、それが子どもの将来にわたってさまざまな症状・問題となっていくという医学的な見地からの理由です。

福井大学の友田明美教授の研究によると、幼少期に受けた親からの「不適切な養育（チャイルド・マルトリートメント）」によって、子どもの脳が物理的に傷つけられることが明らかになりました。

たとえば親から「一生顔も見たくない！」「あんたを生んだこと、とっても後悔してる」などの暴言マルトリートメントを受けると、言語にかかわる聴覚野が肥大します。また両親のケンカ（ＤＶ）を目撃すると、視覚を司る視覚野が萎縮することが分

子どもの脳の萎縮

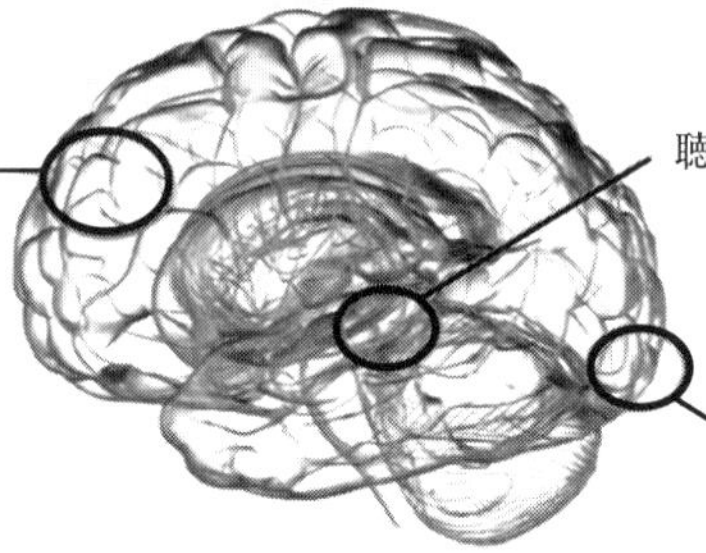

参考：福井大学子どものこころの発達研究センター　友田明美

かってきました。そしてまた、身体に厳しい体罰を受けると、理性的な判断を行う脳の部分である前頭前野が萎縮すると言います。

こうして脳が損傷（ダメージ）を受けたことが原因で、さまざまな精神的症状を誘発し、その後の子どもに計り知れない悪影響を与えることにもなります。しかも一度傷を負った脳を元に戻すことは非常に難しいため、その悪影響が子どもの一生を大きく左右するとも言われています。

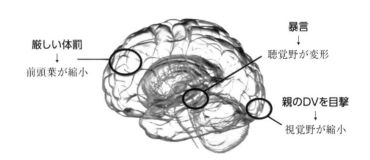

子どもの人生への悪影響

親からのマルトリートメントによって脳が物理的な傷を負ったことが原因で、さまざまな精神症状が現れてくることも分かってきました。

例えば、ＰＴＳＤ（心的外傷後ストレス障害）、うつ病、不安障害、摂食・睡眠障害などです。その他にも学習意欲の低下や依存症、非行問題も引き起こすと言われています。そして、それは成人後も影響が続き、成人期以降に発症する精神疾患にも、マルトリートメントによる脳の傷が原因で起こる可能性があることも指摘されています。

もちろんこうした症状が現れてくるかどうかには個人差があります。またマルトリートメントを受けた人すべてに、こうした症状や障害が必ず発症するとは限りません。しかし、こうしたリスクがあること。また、たとえ発症しなくても、人とどう関わりコミュニケーションをしていけば良いのかという部分で大きな悪いモデルになっていることは確かなことです。

子どもの成長・発達に高リスク

マルトリートメントがこんなにも子どもの成長・発達、そして一生にも大きく影響するようなリスクの高いものであることを知っている人がどれくらいいるでしょうか。このことを知っているのと知らないのとでは、子どもの育て方、言動が大きく違ってくるはずです。私自身、もっと早くに知っていたらと後悔するほどいくつもの失敗が思い出されます。

子どもを死なせてしまうような酷い体罰（身体的虐待）や餓死させてしまうようなネグレクト、真夏日に車内に子どもを放置するなど、マスコミに報道されるような児童虐待があってはならないことは誰もが理解しています。しかし、先ほど例にあげたようなマルトリートメントはどこの家庭にもあることではないでしょうか。しかもそれが子どもの脳を傷つけているとは誰もが自覚していません。

私はかねてから、こうしたマルトリートメントの恐ろしさを、出産を控えたすべてのパパママに知ってもらえるような体制作りを行政に強く訴えております。母子手帳を取得した後によくあるプレパパママ教室では、現在授乳の仕方とお風呂の入れ方などが学べますが、私はそれだけではなく、子どものしつけの仕方、育て方についても学べる体制が絶対に必要だと考えています。

さて、マルトリートメントが子どもに与える影響の恐ろしさを知ったならば、次にどうしたら良いのか、どのようにしつけをしていけば良いのかということになります。

マルトリートメントに陥らない子育ての仕方

日本には伝統的に「しつけのために子どもを叩くことはやむをえない」、「場合によっては体罰もやむをえない」といった意識が根強く存在しているように思います。

「何度言っても言うことを聞かないから」

「痛い思いをしないと分からないから」

「子どものしつけのためだから仕方ない」

「自分も親にそうやって育てられてきたので」

このような親御さんからの声を度々聞かせてもらいます。

しかし、マルトリートメントの恐ろしさを知った人は、それに代わる子育ての仕方を知りたい、知らなければならないと思うのではないでしょうか。

本書でお話する、コミュニカティブ・ペアレンティング・アプローチ（ＣＰＡ）は、「子育てでイライラして、マルトリートメントなど暴力・暴言などの脅しや強制的な力によって子どもをしつけるのではなく、親がコミュニケーション力を高めるコツを学ぶことによって、親子の良好な関係を保ちながら、徐々に子どもをしつけていく子育て法」です。

子育ては、親子の間での一つのコミュニケーションです。子育てのなかで行う「しつけ」とは、子どもが将来、社会において自立した生活を送ることができるように、親が子どもに行うトレーニングです。

ですから、親の子どもに対するコミュニケーション能力が高まれば、怒鳴ったり叩いたりする脅しや、体罰に代表されるコミュニケーションとは全く違った子育ての仕方、すなわちマルトリートメントに陥ってしまうようなことから遠ざかることができると思います。

「体罰（マルトリートメント）によらない子育て」など、言い方を変えれば「コミュニケーションによる子育て」をこの社会で実現していくために必要なことは、①まずマルトリートメントの恐ろしさについて親がしっかりと認識する。そして、②マルトリートメントに代わる子育ての仕方、コミュニケーションによる子育ての仕方を出産前、出産後に学べる体制を一刻も早く日本社会に整える。③子育て中の親をサポートする社会資源や制度を充実させることだと考えています。

第三章　親の養育力＝コミュ力

コミュニカティブ・ペアレンティング・アプローチ（CPA）

「しつけ」＝コミュニケーションによるホーム・トレーニング

「しつけ」は、漢字で「躾」、すなわち「身」に「美しい」と書きます。そこから「しつけ」ということに対する日本人の多くが抱くイメージは、日常生活で「挨拶ができる」など行儀作法・礼儀などを身につけさせることです。そこから、「しつけは厳しくしないといけない」「甘やかしていては、しつけはうまくいかない」といったような「しつけ」＝「厳しい」というイメージの固定観念があるような気がします。

一方、英語では「しつけ」は「ホーム・トレーニング（home training）」と訳されます。私は、日本語の「躾」という漢字からくる「厳しく」とか「正しく」というニュアンスよりも、英語の「ホーム・トレーニング（home training）」というニュアンスを大事にしています。すなわち「しつけ」とは「親が子どもに（のために）礼儀や作法、慣習に合った立ち振る舞いができるように、家庭でコミュニケーションを使いトレーニングする」ということなのです。それにはまず、親子の間のコミュニケーションの歯車を噛み合わせなければ、トレーニングをしたとしても効果は表れにくいのです。

コミュニカティブとは

コミュニケーションによるトレーニングならば、【イラスト５】のように、しつけのトレーナー役である親と、生徒役である子どもとのコミュニケーションの歯車が全く噛み合っていなければ、望むようなしつけの効果を期待することができません。

親がいくら一生懸命にしつけをしていても、トレーニングを受けている子どもと

【イラスト５】

【イラスト６】

の歯車が噛み合っていなければ、親が一人で空回りしてイライラするだけで、子どもは何も変わることはありません。

しつけを行う際にまず大切なのは、トレーナーである親と生徒である子どものコミュニケーションの歯車を【イラスト6】のようにしっかりと噛み合わせることです。この状態を「コミュニカティブ」な状態と言います。

効果的なしつけを行うためには、できるだけ親は「コミュニカティブ」な状態で子育てやしつけを行っていくようにしましょう。

子育ては、「コミュニケーションによって行う家庭でのトレーニング」ですので、こうした親子間のコミュニカティブな関係をできるだけ維持しながら行っていくことが、子どもに指示をしたり、子どもの問題行動を改善したりする時に高い効果が期待できるのです。

コミュニカティブ・ペアレンティング・アプローチ（CPA）とは

コミュニカティブ・ペアレンティング・アプローチ（Communicative Parenting

Approach）とは、「暴力・暴言などの脅しや強制的な力によって子どもをしつけるのではなく、根気よく諭したり、話をしたりするなどのコミュニケーション（伝達）によって、理想とする良い子育てに近づいていきましょう」という考え方を表します。

良い子育てに近づくためには、いろいろなアプローチの仕方がありますが、「コミュニカティブ・ペアレンティング・アプローチ」は、親のコミュニケーション能力（Communicative Competence）を高め、子どもとのコミュニケーションの仕方、取り方を親がスキルアップすることで、親子の良好な関係を保ちながら、子どもに必要な社会性を身につけさせていこうという子育てのアプローチの仕方です。

「コミュ力」の時代の到来

一般社団法人　日本経済団体連合会（いわゆる経団連）の２０１８年度「新卒採用に関するアンケート調査」によれば、新卒者の採用選考にあたって特に重視した要素として、16年連続「コミュニケーション能力」が第1位になっています。

また、職場での人間関係にトラブル、夫婦間ＤＶ、いじめ、親子関係不調、児童虐

「選考時に重視する要素」の上位5項目の推移

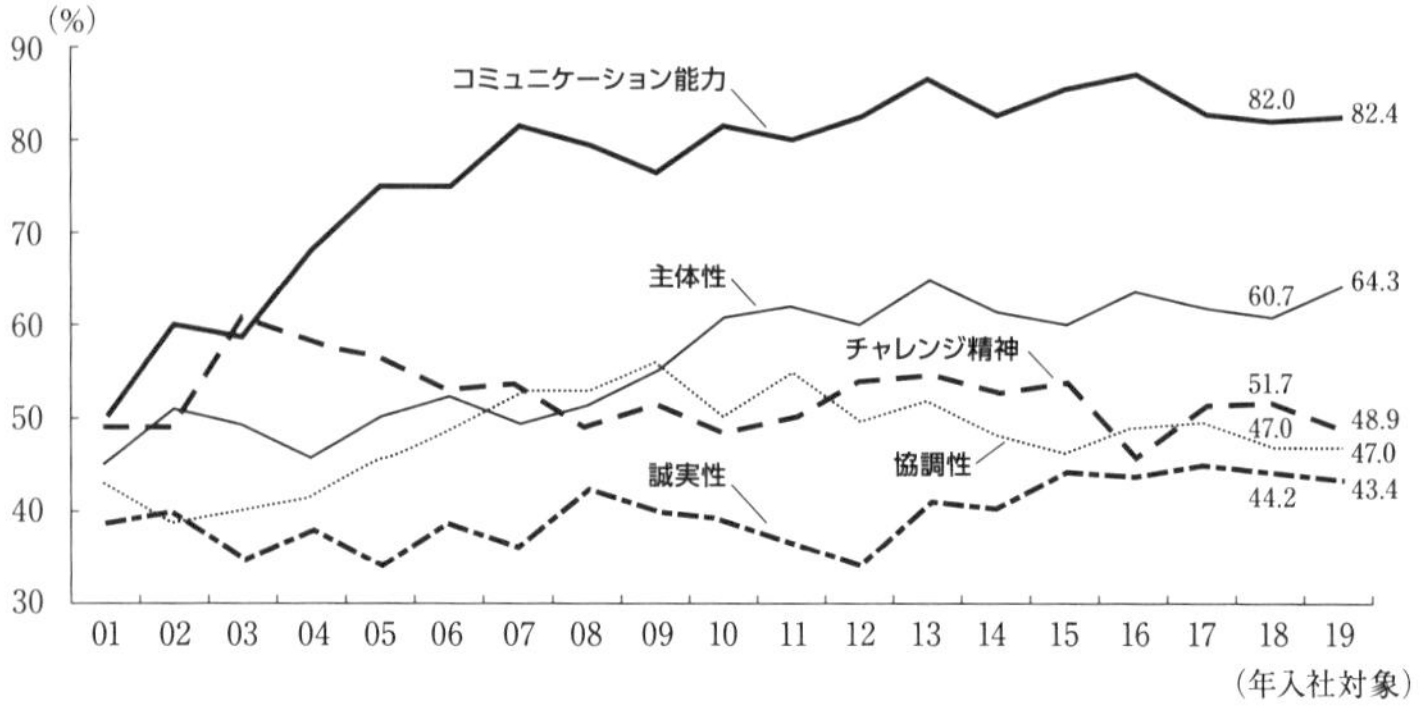

参考：2018年度 新卒採用に関するアンケート調査結果 一般社団法人 日本経済団体連合会

待などさまざまなところで人間関係のトラブルが大きな問題となっています。

こうしたことからも分かるように、今後、人が人と上手にコミュニケーションを行っていくための能力、すなわち「コミュニケーション能力」がますます重要になってきています。

コミュニケーション能力を専門的には、「コミュニカティブ・コンピテンス(Communicative Competence)」と言います。これは、人と上手にコミュニケーションを行うため、自分の意見や考え、相手に対する要求を正しく伝え、また、相手の意見や考え、要求を正しく理解し、適切な対応を取る能力のことです。若者がよく「コミュ力《りょく》」と呼んでいるものと同じものです。

これからの時代は、このコミュ力があるかどうかが、人生の質を大きく左右していくことになるのではないでしょうか。

子育ての場面においても、親のコミュ力が高いかどうかで、子育てに大きな影響を及ぼします。怒鳴る、叩くなど、子どもを怖がらせたり、脅したりするような子育ては、もっともコミュ力のない子育てです。子どもの年齢や発達、能力に応じたことばの掛け方や対応を取りコミュニカティブな子育てをするために、親のコミュ力を高める必要があると思います。

ＣＰＡでは、この親のコミュ力向上に役立つコツを提供しています。上手にこのコツを学び、実践していくなかにコミュニカティブな子育てが実現していくはずです。

子育てと料理の共通点―コツの大切さ

子育てと料理にはある共通点があります。それは、良い結果を得ようという思いは大切ですが、思いだけでは必ずしも思い描いたような良い結果をもたらすとは限らない点です。料理はいくら「おいしいものを作ろう」と強い思いがあったとしても、料理のコツやレシピを知らない人がやみくもに頑張ったとしても、その結果、必ずしもおいしい料理ができるとは限りません。思いだけではなく、ちょっとした料理のコツを知っているのと知らないのとでは、結果が変わってきます。

この点で子育てと料理はよく似ていると思います。

子育てには愛情や情熱、忍耐が必須です。しかし、愛情や情熱さえあれば、それでしつけが成功する、子育てがうまくいくとは限りません。いや、そうはいかないことの方が多いかもしれません。

我が子を良い子に育てようと一生懸命にしつけを頑張っていると言っても、ただ大きな声で毎日「ちゃんとやりなさいよ！」「いい加減にしなさい！」「もうなにやってんの！」などと、子どもにとっては理解しにくい「あいまいな表現」で怒鳴っていたり、子どもを怖がらせたりして言うことを聞かせようとしていては、親の気持ちだけが空回りするばかりで、親が望んでいるような良い結果は期待できないことが多いのです。

料理を作る時と同じように、思いだけではなく、ちょっとした子育てのコツを知っていると、子どもへの愛情や子育てに対する熱い思いと相まって、良い結果を引き出すことになるのです。

第四章から第七章は、今子育てをしている方、またこれから子育てをするパパママにとって、きっと役に立つ、ＣＰＡの子育て７つのコツのうち４つを紹介していきます。

第四章　子どもと上手くコミュニケーションするコツ

伝わりやすく指示を出す

子どもは3歳頃になると「だって、○○ちゃんは、ジュース飲みたいの」など、接続詞や間投詞を使って文を作って話をするようになります。まだ完全ではないものの、日常生活には問題がない程度の文法やことばが習得され、5歳頃の語彙数は2000語程度になると言われています。また、子どもによっては、5歳頃から文字の読み書きの勉強を始める子もあり、絵本などの簡単な文字を拾い読みできるようにもなります。このように3歳から4歳にかけてことばが急速に発達するだけでなく、身体の発達も急速に進み、また社会性が育っていきます。

親が「しつけ」を本格的に始めるのが、このことばによるコミュニケーションがおよそできるようになるこの時期からです。

子どもは聖徳太子にあらず

聖徳太子は10人の人が一度に話をしても、その全員の話を理解して、その後、その10人に的確に返答をしたという歴史上の逸話があります。その真偽はよく分かりませんが、少なくとも子どもは聖徳太子ではなく、また知能的にも認知的にもまだ未発達の部分が多く、一度に複数の人の話を理解することは難しいと言われています。

たとえば、もしも子どもの注意（意識）が、今自分が行っているゲームやテレビに集中しているならば、その子どもは親からの指示を聞いても適切に応答することは難しいのです。それは子どもが親の指示を無視しているのではなく、子どもはどこに注意を向けるかという注意力のコントロールがまだまだ未成熟で、音としては耳にまで届いていても、脳の中での言語処理がされておらず、ことばとしての理解ができていないのです。これを子どもが「単一チャンネル状態（single channeled nature）」にあると言います。

たとえば、いくらテレビの放送局がそれぞれの番組を何本も同時に電波にのせて流していても、それを受容する側のテレビにチャンネルが一つしかないとしたら、テレビに映る番組は一つしかありません。小さな子どもたちは、まさにこの状態にあると言われます。あれもこれも同時に情報を伝えても、まだまだ脳の発達途上にある子どもにとっては、受容できるチャンネルが一つなので、処理できる情報は一つしかないということです。

子どもは、いくつもの情報を同時に並列処理ができる聖徳太子とは異なり、一つのことしか処理ができない「単一チャンネル状態」にあるという点をよく理解して子どもとコミュニケーションしないと、コミュニケーションの歯車が噛み合わず、親が空回りしてしまうことになります。

伝わりやすい環境を整える

たとえば、イラストのように、テレビ番組に夢中になっている子どもに、お母さんが「ごはんよ、テレビを消して」「ほら、早く消しなさい！」「ちょっと、聞こえてるの？」と何度も言ったとしましょう。しかし、子どもは全く反応がありません。ついにお母さんは、一向にテレビを消すそぶりを見せない子どもに腹が立って、「さっきから何度も言ってるでしょ！」「何回言えば分かるの！」「いい加減にしなさい！」と大声を出してしまいました。このような場面は、子育ての日常にはよくあります。

しかし、もしかしたら子どもは、決して母親のことを無視しているのではなく、テレビ番組に夢中のあまり、お母さんの言っていることがことばとして脳で処理できていないかもしれないのです。

　そんな時はお母さんが、「もしかしたら、テレビに夢中で私の言っていることが伝わっていないのかもしれない……」と気づき、まず、テレビを消して、子どもに伝えやすい物理的な環境を整えてあげてから話をすると良いのです。

　そうすれば、子どもが一回で母親の言うことに従ってくれる可能性は高くなります。その結果、親はイライラしたりせずに済みますし、子どもも怒鳴られずに済むのです。

　このように子どもに何かを指示する際には、少しでもコミュニカティブな状態を作り出すために、ちょっとしたコミュニケーションの工夫を加

えると良いでしょう。このコミュニケーションの工夫をコツと呼びます。

以下に、子どもと上手くコミュニケーションを行う際に知っておくと良いコツをいくつか挙げてみたいと思います。

（ア）子どもの気をこちらに向ける

テレビがついていたり、ゲームをしたりしている状況では、当然子どもはテレビやゲームに夢中になっていると思います。そんな時は、子どもに、「ちょっとテレビ消してくれる？」「一度ゲームの切りの良いところで止めて」と言って、テレビやゲームを消させてから話をする。そうすると子どもの理解度が上がり、しつけがしやすくなります。

（イ）大勢の人がいる前で言うのではなく、離れた場所で個別に話をする

大人の私たちでも、大勢の前で叱責されたり、注意をされたりするのは嫌なものです。子どもも同じで、他の子どもがいる前とか、公衆の面前で注意をされるのは嫌なものです。また、兄弟の前で注意すると、そばにいる兄弟が、注意されている子どもに対して「ざまあみろ」といった態度を取る場合もあり、叱られている子どもにしてみれば、とても落ち着いて注意を聞く状況ではありません。そうした時は、一旦子どもを皆がいる部屋から廊下に出して注意をするとか、皆から見えない離れた場所で個

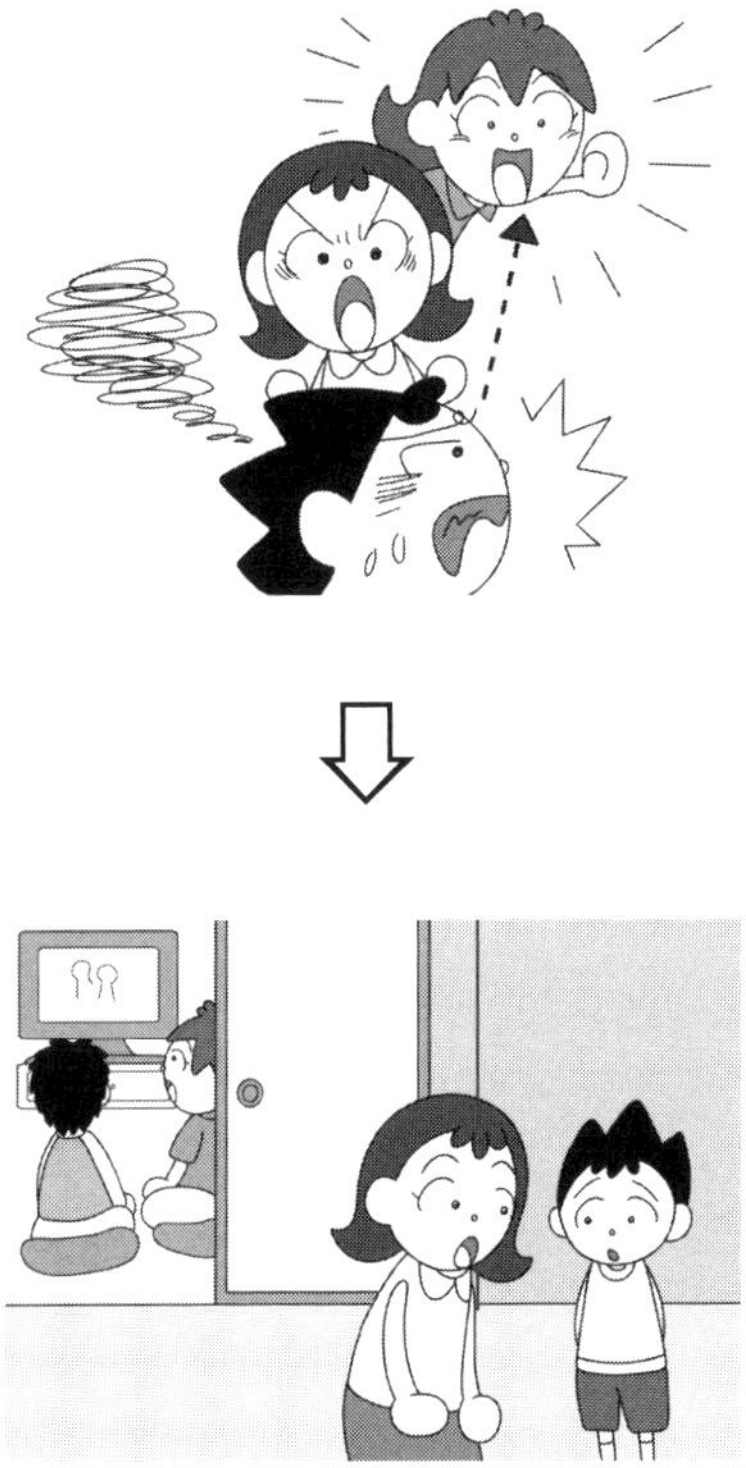

別に注意をすることが望ましいのです。

（ウ）親が壁や障子を背にして話をする

話している親の後ろに、子ども側からいろいろなものが視覚に入ってくると、子どもは聴覚よりも視覚の方が「認知の優位性」が高いので、目に見えるものに気を取られ、注意が散漫になってしまいます。それを防ぐために、親が壁や障子など動かないものを背にして話をすることが望ましいのです。

（エ）「ながら指示」を避け、子どもの目を見て話をする

「ながら指示」とは、親が他事をしながら子どもに何かを指示したり、しつけを行ったりすることです。

たとえば、親が、洗濯物を干しに行く途中で、廊下を歩きながら、宿題をせずにゲームをしている子どもに早く宿題を済ませるように指示したとします。しかし、子どもはゲームに熱中しているので、何かを言われたことは分かっていても、何を言われたのかは明確に伝わっていない可能性が高いのです。

洗濯物を干し終わって戻ってきた親はおそらくこう言うでしょう。

「まだゲームやってる！」「さっき先に宿題しなさいって言ったでしょ！」「同じことを何度も言わせないの！」

こうしたことにならないように、親は子どもに話しかける場合は、できるだけ何かをしながらとか、背中越しに話をするのではなく、面倒でもできるだけ子どもの顔を見て、また、子どもと目線を合わせて話をすると、子どもに言いたい内容が伝わりやすくなります。

このように、子どもと話をしたり、指示や注意をしたりする際に、「親はどこであ

ろうとお構いなし」ではなく、できるだけ子どもにとって「伝わりやすい指示」をすることができるよう、子どもに物事を伝える際の環境に配慮できるようになると良いでしょう。

ちょっとしたことですが、こうした子どもとコミュニケーションをする際のコツを知っている人とそうでない人とでは、同じような思いを持って子育てをしていても、その結果には必ず違いが出てくるはずです。

伝わりにくい「あいまいな表現」

子どもの母語の習得は、10歳くらいまでに終わると言われます。ということは、10歳までは、母語とはいえ日本語はまだまだ未熟なレベルなのです。そういう言語的に未発達なおよそ10歳以下の子どもに対して、「ちゃんとしなさい！」「いい加減にして！」「何度言ったら分かるの！」「いい子にしていてね！」「何歳だと思ってるの！」「さっさと片付けなさい！」というような、「あいまいな表現」「抽象的な表現」は理解しにくいのです。

私たち大人は何気なしに「あいまいな表現」「抽象的な表現」を頻繁に使っています。なぜなら「あいまいな表現」「抽象的な表現」は、いろいろな状況で使え、とても便利なことばだからです。

「ちゃんと」にしても「いい子」にしても、そのことばだけでは何を言いたいのか具体的には分かりません。そのことば自体の意味は、あいまいでそのことばを発する場面の文脈において初めて具体的な意味が理解できます。

たとえば、

①「もう一度ちゃんとお風呂に入ってきなさい」

②「ちゃんと挨拶しなさい」

右記の2つの文に出てくる「ちゃんと」は、同じことを意味していません。

①の文章の「ちゃんと」ということばは、「風邪などひかないように、肩までお湯に入って温まる」ことを意味しています。一方、②の「ちゃんと」は「お客さんにあったら、大きな声で目を見て『こんにちは』と挨拶しなさい」ということを意味しています。全く違う意味を同じことばで表しています。これは小さな子どもにはまだ理解が難しいのです。

そうした時に、子どもにとって伝わりやすくなるように表現の仕方を工夫し「伝わりやすい表現」を用いて指示することが、子どもにしつけを行う際のコツの一つになります。

伝わりやすい表現

子どもはまだまだ言語的には発達途上にあるので、行動をできるだけ具体的、かつ簡潔な「伝わりやすい表現」にするよう工夫して話してあげるのが子どもに指示をする時のコツなのです。

もし子どもに何度指示をしても聞いてくれないようなら、一度立ち止まってこのコツを思い出し、少し表現を工夫してみましょう。

「伝わりやすい表現」とは、子どもにとって「見ることができる、聞くことができる、数えたりすることができるような、具体的な行動を簡潔に表現したもの」です。特に10歳未満の小さな子どもには、こうした「伝わりやすい表現」を使うように心がけると、コミュニケーションの歯車がかみ合いやすくなり、しつけの効果が高まります。

では、具体的にみていきましょう。

「ちゃんと」

たとえば、冬の寒い時期に、子どもが風呂場で遊んでいて身体がまだ温まっていないのに出てきたとします。

風呂場から出てきた子どもの身体を拭いていた母親が、身体が冷えきってしまっている子どもに対して「お風呂でなにしてたの！　身体が冷えてるじゃないの。風邪ひくから、もう一度、ちゃんとお風呂に入ってきなさい」と怒ったとします。

母親は「体が冷えきっているから、もう一度湯船に浸かって温まってから出てくるように」と言いたかったのですが、表現では「ちゃんとお風呂に入ってきなさい」と

いうあいまいな表現で指示しています。「ちゃんと（お風呂に）入る」という意味が、もしかすると子どもには理解できないのかもしれないのです。

「ちゃんと」ということばは非常に便利です。「ちゃんとやって」「ちゃんと挨拶しなさい」「ちゃんと勉強したの？」「ちゃんと閉めて」など、日常生活でしょっちゅう口にします。

「ちゃんと〜」と言えば、なんでも伝わっていると思えてしまう便利なことば。しかし、よくよく考えてみると「ちゃんと」とは具体的にはどんな意味や動作を表しているのでしょうか。「ちゃんと」ということばだけではよく分かりません。

そういう場合は、「行動をできるだけ具体的、かつ簡潔な表現にするようにします。たとえば、「もう一度ちゃんとお風呂に入ってきなさい」という言い方を「肩までお湯に浸かって50数えてから出てらっしゃい」という表現に言い換えると、子どもにとって理解がしやすくなります。

「〜しちゃダメ」

「○○しちゃダメでしょ！」と、よく子どもを叱ったりしますよね。これは子どもの問題行動、いけない行動を「止めなさい！」と禁止しているのですが、ではそれがダメなら「どうしたら良いのか」は、この表現では何も伝えていません。したがって子どもには、このダメな行動の代わりに取るべき行動がよく分からないままになっています。

「弟のゲーム、黙って取ったらダメでしょ」ではなく、「弟のゲームがしたい時は『貸して』って言おうね」と、ダメではない行動を具体的に教えると子どもは理解しやすくなります。

「いい加減にしなさい」

午前中あまりに子どもの部屋が散らかっていて親がきれいに掃除したばかりなの

に、1時間もしないうちに、また散らかし放題になっていたら、つい「もういいかげんにしなさい！」って大きな声で怒りたくなりますよね。

でも、よく考えてみてください。「いいかげん」とは、どのような加減を指しているのでしょう。小学校低学年の子に、「加減」という意味が正しく理解されているでしょうか？ また、「いいかげんにしなさい」ということばで、親は子どもに何をさせたいのでしょうか？

それよりも「このおもちゃは、（指で差しながら）あの箱に全部入れて。それからランドセルはふたをして、服と一緒にフックに掛けてきて……」というように、子どもに伝わりやすいように一つ一つの行動を具体的に指示したほうが、子どもには理解しやすく、結果的に片付けるという行動に移ってくれやすくなるのではないでしょうか。

子どもの言語発達に合った表現

生後1年も経たない子どもに、いきなり硬い煎餅を食べさせる親はいませんよね。その子どもの月齢や年齢にあった物を食べやすい状態にして食べさせるはずです。そうでないと飲み込めずに吐き出してしまうからです。

それと同じで、子どもの言語の能力は、いきなり大人の私たちと同じレベルにはなれません。泣声↓喃語《なんご》↓1語文↓2語文と、年齢に合わせて徐々に発達していくのです。

まだ子どもが小さくてヨチヨチ歩きだったり、ことばが「アーアー」「ウーウー」のような喃語を話したりしているうちは、親も直感的に子どもの成長が未発達であると理解できます。したがって、こうした言語能力の未発達な子どもに、大人と同じようなことばを使うことは少ないと思います。

ところが、子どもが3歳くらいになって、ある程度ことばの理解ができるようになり、「しつけ」というトレーニングが始まると、親はすぐに子育てのギアをトップに入れてしまいがちなのです。そして、大人同士が話す時と同じような「あいまいな表現」や「抽象的な表現」を、平気で子どもに使ってしまいがちです。

しかし、親の言っていることが子どもに上手く伝わっていなければ、歯車が空回りしているようなコミュニケーションになり、結局子どもには親が言いたいことが伝わらず、親のイライラも募ることになります。

そのような時に、「なんで分からないの！」とか「何回言ったら分かるの！」と子どもを責めるのではなく、親の伝え方が少しでも子どもに「伝わりやすい指示」となるよう「伝わりやすい表現」を工夫すると良いでしょう。

《実録！　子育て奮闘記（１）》

Mちゃんは、毎朝眠たかったり、幼稚園に行きたくなかったりで、幼稚園バスが迎えに来る時間が迫っていても、グズグズ食事をするので、ママは毎日のように「早く食べなさい」「さっさと食べないとバスが来ちゃうでしょ！」と怒鳴ってばかりいました。しかし、ちっとも早く食べるようにならないので、結局ママはいつもMちゃんを叱って泣かせてしまい、さらに状況を悪くしていくことの繰り返しでした。

そこで、この「伝わりやすい表現」を参考にして、Mちゃんへのことばのかけ方を工夫してもらいました。

「時計の長い針が『10』のところまでに『ごちそうさま』しようね。できたらポイントシール貼ってあげるからね」と「伝わりやすい表現」で言ってもらいました。

そうしたらどうでしょう。翌日からMちゃん自身が時計を見ながら食事をするようになり、あれだけ「早く！　早く！」と毎日怒っていたのがウソのように、スムーズにご飯を食べるようになって、バスのお迎えの時間にも余裕で間に合うようになりました。

ちょっとした工夫によって、子どもへの指示が通りやすくなることがあるのですね。

「しつけ」という子育てにおけるトレーニングが上手くいくかいかないかの分岐点は、トレーナー役である親と、生徒役である子どもとのコミュニケーションの歯車がかみ合っているかどうかなのです。ぜひ、コミュニカティブな子育てになるよう「伝わりやすい表現」というコツを参考にしてみてください。

第五章　子どもの問題を減らすコツ

子育てリハーサル法の極意

いきなり怒られても、子どもはどうしたらいいのか分からない

4歳から5歳くらいの子どもがスーパーで「あれ買って、これ買って」「あれ欲しい、これ欲しい」とダダをこねている光景。よく目にしますよね。こんな時親は「はあ、また始まった」「もう本当に勘弁してよ〜」となりますよね。

この年齢のお子さんをお持ちの親御さんなら、誰でも経験することかもしれません。本当は子どもと楽しく買い物したいのに、スーパーに行く度にイライラすることになってしまう。何とかならないものかと困っている方も多いのではないでしょうか。

ダダこねだけではなく、子育てをしていると子どものさまざまな問題行動に悩ませられます。ゲームの時間が守れない。宿題をやらない。道路に飛び出る。電車（バス）の車内ではしゃいでしまう。お友達を

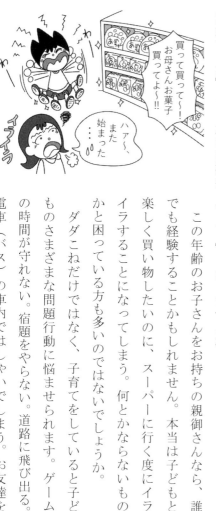

泣かせてもなかなか謝れない。などなど、挙げたらきりがないくらいあるかと思います。

こうした子どもの問題に日々悩みながら子育てをしているのではないでしょうか。そして時には親もイライラが溜まって我慢の限界を超え、ついつい大声で叱ったりする場合があると思います。しかし、子どもを怒鳴ったり、怖がらせたりしても、子どもの問題解決にはならないのではないでしょうか。では、どうしたら子どもの問題を減らすことができるのでしょうか。

それを考える前に、そもそも、なぜ子どもは親が困るようなことをするのでしょうか？　ダダこねを例にその原因を考えてみましょう。

【問題の原因】

原因①：そもそも子どもは生まれてから、ずっとダダをこねて育ってきたから

赤ちゃんが誕生してからすぐに母親は3時間おきの授乳が始まります。だからお母

さんはその時期とてもたいへんです。よく考えたら、その頃の赤ちゃんは、滅茶苦茶ダダをこねているということにはならないでしょうか。

赤ちゃんが夜中に突然お腹が空いて泣き始めます。ごく普通のことです。その時、もし母親がとても疲れていて全然起きてくれず授乳してもらえなかったとしたら、その赤ちゃんは、「ママは疲れているのだから仕方がない。また明日の朝にしよ……」なんてことには絶対になりませんよね。ミルクがもらえなかったら、自分の欲求が満たされるまで泣き続けませんか。それでももらえなかったら大きな声でさらに激しく泣きませんか。

子どもはそうやってその歳まで大きくなってきたのです。

子どもが自分の欲しいものを買ってもらえないと泣いてダダをこねるのは、ことばの話せない子どもが生きる術として身につけてきたことであり、子どもはそうしてダダをこねて大きくなってきたのですから仕方のないことなのです。

原因②：社会性がまだ育っていない

子どもはまだ子どもなので、大人のようにその場の状況や相手の気持ちを察して適切な行動を取るという社会性は育っていないのです。「魔のコーナー」と呼ばれるお菓子売り場の前を通りかかった時に、好きなお菓子を見ても親の気持ちを汲んで、「お菓子買って」と言いたい気持ちを抑えたり、「今日は買わないよ」と親に言われて「うん、今日は我慢するよ」と、親が期待しているような行動を取ったりすることはまだまだ難しいのです。

こうした「日常生活のなかで出会うさまざまな問題や課題に「自分で創造的で、しかも効果のある対処ができる能力」を社会技能（ソーシャル・スキル）と言いますが、そうした能力が身につくのは、まだまだ年齢を重ねてからであって、就学前の小さな子どもにそうした対応を期待するのは難しいと思います。

では、そうした社会性の未熟な子ども、ダダこねが習慣化した子どもに、お菓子売り場で子どもにダダをこねられて困りたくなければ、親はどうすれば良いのでしょうか。

次節では、その解決策として有効な「子育てリハーサル法」について解説したいと思います。

子育てリハーサル法

子どもは日々、兄弟や友だちと喧嘩をしたり、嘘や暴言を言ったり、道路に飛び出したりなど、さまざまな不適切な行動（問題行動）を起こしますが、それはいったいなぜなのでしょうか？

ＣＰＡでは、子どもの「行動」にのみ焦点を当て、それは子どもの心が間違っている、性格が悪いからだというように、その問題行動の原因を子どもの人格や性格に求めることはしません。そうではなく、子どもがその状況でどのように行動したら良いのかという「目標行動」がよく分かっていない、また、分かっていても、その場その場の自分の感情を自分自身で上手くコントロールできないので、「目標行動」とは逆の問題行動を起こしてしまうのだと考えます。

「子育てリハーサル法」とは、子どもに行ってほしい適切な行動（「目標行動」）を前もって言って聞かせ、リハーサル（練習）させることで、将来起こりうる状況において、上手く対応できるようにし、子どもの問題行動を事前に回避しようという子育てスキルです。

イラストのような経験をしたことはありませんか？　スーパーに買い物に行き、子どもがお菓子売り場で立ち止まって『買って、買って！』とダダをこね始める。最初は困った顔をしているだけだった親も、子どもがあまりにも強くダダをこね続けるので、たまらず大きな声で怒鳴ったり、無理やり手を引っ張ったりして連れて行こうとするので、さらに事態が悪くなります。

問題が起きてから子どもを叱ると、当然、その場では親も子どもも感情的になっているので、ついつい荒いことばを使ったり、イライラして「もういい加減にしなさい！」とか「勝手しなさい！」などと伝わりにくい指示をしたり、時には手を上げてしまうなど、さらに事態を悪化させる対応しかできなくなってしまいます。

そこで、このように問題が起きてから対応するのではなく、問題が起こる前に、親が未来に起こりうる状況を想定して、事前に問題を回避するこの「子育てリハーサル法」が有効なのです。

あなたが、何かの演劇の主役をすることになりました。もし本番初日まで、ほとんど稽古（リハーサル）もせず、ぶっつけ本番に近い状態で舞台に立たされたら、あなたはどうなるでしょう？　セリフは思い出せない。動き方、立ち振る舞いもおぼつかず、結果、観客からは不満の声があがってしまう。これでは、もう次から舞台に立とうとする気にもなれなくなってしまいませんか？

一方、下のイラストのように、演出家の細かい演技指導（リハーサル）を受け、充分リハーサルしてから舞台に立ち、見事に演じきり、観客からも拍手喝さいされ、終わった後、演出家からも「あなたの演技はとても良かったよ。感激した！」とほめられたらどうでしょう？　舞台に立った人はもちろん嬉しいですし、自信にもなります。

この違いはどこから生まれたのでしょう？

そうです。これは本人の能力の問題ではありません。事前にきちんとリハーサルをしているかどうかの問題です。

子育てにおいても同じです。子どもは、まだ発達途上にありますし、社会経験も少ないので、その場でどうやって振る舞ったら良いのか、その場に相応しい対応をする「社会スキル」が獲得できていません。事前に何も教えられることがないために問題を起こし、それなのに親から「何やってんの！」「いい加減にしなさい！」と叱られたらどうでしょう？　誰でも嫌な気持ちになるし、自信も失います。

一方、事前にそういった事態になったら、どうやって対応すれば適切なのか、「目標行動」を具体的に教えてもらい、リハーサル（練習）までしてあれば、上手く対応できる可能性が高くなるはずです。そして、その結果、親から「良くできたね！」「偉かったね！」とほめられたら、嬉しいと感じるだけでなく、自信にもなっていきます。これが「子育てリハーサル法」です。

具体的に見ていきましょう。たとえば、スーパーへ出かける前に、自宅の玄関や駐車場に停めた車のなかで、「今からスーパーに買い物に行くけど、今日はお家におやつを準備してあるから、お菓子売り場では『買って、買って』って言わないでね。もし、まなぶが『お菓子買って』って言ったら、お母さんは『今日はダメよ』って言うから、その時は『うん。分かった』って言ってね。できるかな？」と子どもにしてほしい「目標行動」を具体的に分かりやすく伝えます。子どもにとっては未経験な行動の仕方を教えることになるので、できるだけ子どもに理解されやすいような表現で具体的に教える方が良いでしょう。まだ問題が起こっていないので、親子共に落ち着いた状態で話をすることができます。時間

的にも慌てていないので、言い方を工夫して伝わりやすく指示することもできます。

そして、子どもに親のやって欲しい「目標行動」を上手く伝えられたとしても、それで終わりにしてはいけません。「じゃあ、一度やってみようか」「練習してみようか」と言って、その場をお菓子売り場に見立てて子どもとリハーサル（練習）をします。このリハーサルを子どもに実際にやらせることがとても大切です。

このリハーサルを行うことによって、子どもは実際の場面で行う目標行動を理解できるようになるだけでなく、実際にやってみることにより、ただ口で「～するんだよ。約束だよ」と言うよりも、高い確率で子どもの記憶に残ると言われています。また、親側も子どもの練習するところを見ることで、子どもが正しく「目標行動」を実行する力があるかを確認することができます。

上手にリハーサルができたり、一生懸命にリハーサルしてくれたりしたら、「上手にできたね。スーパーに行ったらそんなふうにやってね」と、子どもをほめてあげることも忘れないでください。これを「子育てリハーサル法」と言います。ぜひ、一度試してみてください。

ヘジット（ためらい）効果

せっかく事前に練習（リハーサル）をしても、現場でうまくできない時も当然あります。

家を出る前に何度も練習したのに、スーパーへ行ったらやっぱり子どもはお菓子を見たら「買って、買って」とダダをこね始める。「やっぱり欲しい。我慢できない～」と、子どもが直前に親とリハーサルしたのとは全く違うことをしてしまう場合も実はたくさんあります。リハーサルしたからといって子どもは子どもですから、全部が全部、リハーサルした通りに「目標行動」を実行できるわけではありません。

しかし、そうした場面でも、すなわちダダこねをしていますが、その時の、子どもの頭の片隅には、リハーサルとは全く違った行動をしている自分自身への躊躇やためらいに似た感情が生まれています。つまり、ダダをこねながらも、お母さんと練習した記憶が頭に浮かび、何だか少しモヤモヤしています。何のためらいもなく大声でダダをこねていた以前とは、ダダのこね方や激しさに違いが生じているはずです。これを「ヘジット（ためらい）効果」と言います（※ヘジットとは「ヘジテイトhesitate：ためらう」の短縮言葉）。

「ヘジット効果」とは、人が事前にリハーサルした行動とは異なる行動を結果的にしてしまった際、それに対して本人の心に抱く違和感や、その間違った行動への躊躇やためらい、後悔が生まれ、自分の取った行動に対して自然に自己反省するという心理的な効果のことを言います。

子どもに「ヘジット効果」が働いているうちに「あんなに練習したのにできなかったね」とお母さんが（少し残念そうに）言ったら、言われた子どもはどう思うでしょうか。もしかしたら、お母さんが大きな声を出して怒らなくても、「やってしまった！」と自分で自らの行動を反省することになるかもしれません。これも大切なしつけの一つだと思います。

パパやママが怖いから言うことを聞くのか。それとも自ら反省して自分で直していくのか、どちらが良いでしょうか。「子育てリハーサル法」は、子どもが社会技能を身につけていくとても良い方法だと思います。ぜひやってみてください。

第六章　子どもを上手くほめるコツ

「オットセイ理論」

昔から「子どもはほめて育てよう！」とはよく言います。誰でもイライラして怒鳴ったり叩いたりしながら子育てはしたくはないと思っています。しかし、子どもをほめて育てることが大切なんだと頭では理解していても、日々いろいろな問題に振り回されて、子どもをほめることはなかなかできないのが現実ではないでしょうか。

この章では、そのようなほめることが難しい状況のなかで、どうやって子どもをほめて育て、自己肯定感の高い子どもに育てるのか、子どもをうまくほめるコツについて学んでいきます。

ほめる割合は「3対1」─子育ての黄金比率

親が子どもを実際にほめ続けることはなかなか難しいと思います。おそらく普段は、ついつい怒鳴ったり叱ったり、「あーしなさい！」「こうしなさい！」と指示することの方が多くなってしまうのではないでしょうか。

では、いったい子どもはどのくらいほめたら良いのでしょうか。

基本的には、「3ほめて、1問題を正す（叱る）」、すなわち「3：1」の割合でほめると良いと言われています。

〈ゴットマン率〉

ワシントン大学名誉教授のジョン・ゴットマン博士の研究によれば、親子関係において、ほめたり認めたりする「ポジティブな言葉」と叱ったりけなしたりする「ネガティブな言葉」を使う割合が3：1を超え、ネガティブな言葉を使う比率が多くなると、それだけ親子関係が破綻する可能性が高まることが数値化されています。

〈ロサダの法則〉

アメリカの心理学者、マーシャル・ロサダ博士の研究によると、平均的な水準で人間がハイパフォーマンスを実現するためには、ポジティブな感情とネガティブな感情がおよそ3：1の比率で維持されることが必要なのだそうです。

以上のことからCPAでは、親子の関係では「ほめる：正す＝3：1」、すなわち親が子どもを叱る割合を1とするならば、その3倍、親が子どもをほめたり認めたりする必要があると考え、子育ての黄金比率を「3：1」としています。

親はなぜ子どもの欠点が目につくのか

実は、親は子どもの問題行動(悪いところ)にばかり注目してしまう傾向にあります。下図をご覧ください。直感的にお答えください。あなたはどちらの図が気になりますか?

そうです。左の図（広島カープのマークに似ていますね）の方が気になると思います。カープファンだから!?ではありません。

では、気になる方の左側の図では、あなたの視点はどこにいきますか?

そう、切れているところについ視点がいくと思います。太い曲線の部分の方が、圧倒的に長いにも関わらず、切れている白く短い部分に視点がいくのではないでしょうか。

右の図と左の図では、どちらが気になりますか?

なぜなら人間は欠けているところ、足らないところに目が行く習性があるからです。この図は「ランドルト環」と言って目の検査などで使うもので、皆さんも一度は見たことがあるはずです。

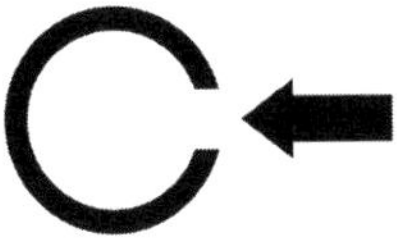

さて、この切れている白い部分が、親が気になる子どもの問題行動を表しています。そして太い曲線部分が子どもの特に問題ではない行動（これを「適応行動」といいます）と考えてください。

「うちの子はホント悪いことばかりするので……」ということばをよく耳にします。親は「うちの子たちは喧嘩ばかりしている」と口では表現しますが、子どもが喧嘩をしている時間は、1日24時間のうち、実際はほんの短い時間です。実際に兄弟喧嘩やリビングで暴れまわるなど、親にとって問題行動だと思われることをしている時間は、おそらく長くても合計15分くらい。2時間も3時間もずっと喧嘩ばかりし続けることは実際にはないと思います。

子どもの問題行動ばかりに注目しているから「悪いことばかり……」と親は感じま

すが、本当に1日中ずっと問題を起こしているわけではなく、「ランドルト環」の空いている部分に私たちの視線がついいってしまうように、親は子どもの問題行動ばかりに着目してしまう傾向が強いだけのことなのです。

子どもの問題行動ばかりに目がいってしまい、それ以外の部分（問題がない部分）に関心がいかなかったり、気に留めなかったりするために、どうしても子どもを叱ることの方が多くなってしまうのです。

たとえば、リビングで姉弟が普通におとなしくしている時は、親は見て確認はしているけれど特にそこには関心は払われず、何もしない、即ちスルーしてしまうことが多いのではないでしょうか。

ところが、一転、その姉弟がケンカを始めたらどうでしょう？　親はそれを絶対に見過ごさず、子どもを叱らずにはいられません。問題のない時はスルーして、問題がある時はスルーしない。だから、親が子どもを叱る割合の方が多くなってしまうのです。

後で詳しくお話しますが、左のイラストのように、子どもを上手くほめたり認めたりするコツは、親がついつい見過ごしてしまいがちな子どもの特に問題の無い行動（適応行動）に注目し、それをほめることによって、ほめる割合を増やすことです。

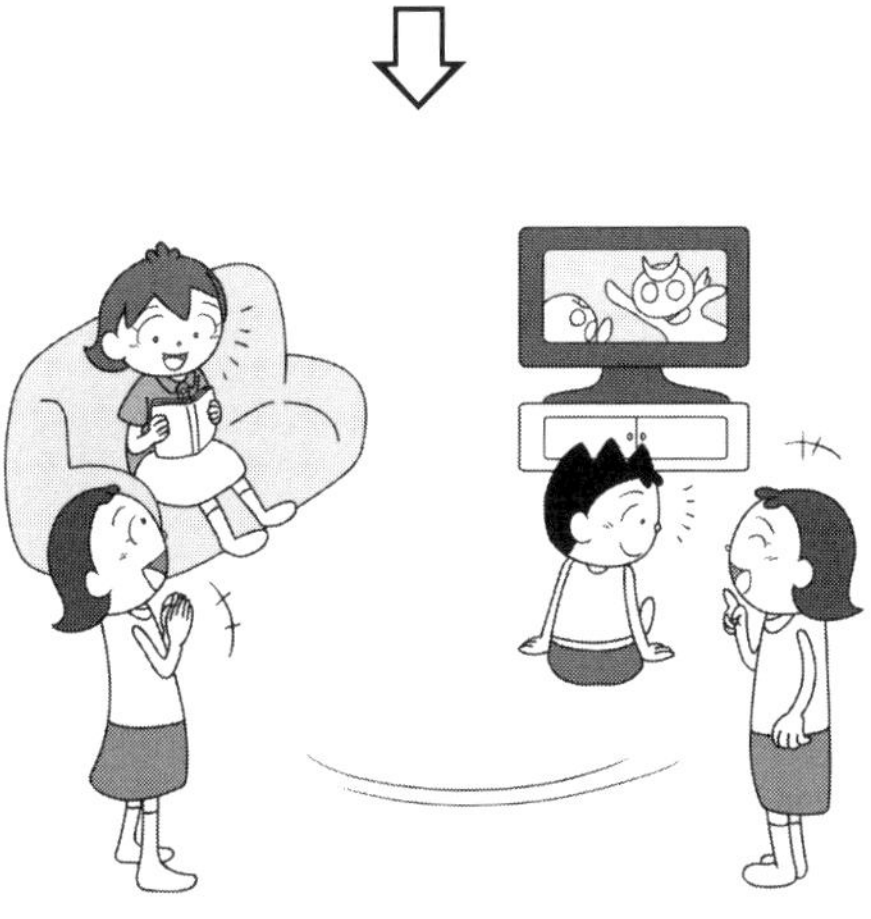

ほめる割合を増やす

私たち大人でも毎日のように人に怒られたり怒鳴られたりしたら、たまったものではありません。たとえその怒られたり怒鳴られたりした内容が正しかったとしても、毎日のように怒られていると、その人からは遠ざかりたい、できるだけ顔を合わせないようにしたいと思うようになっていくでしょう。それは、子どもも同じです。いく

ら子どものためを思ってのこととはいえ、いつも自分を叱ったり怒ったりする親には、近寄りたくない、話したくない、と思うのは当たり前のことです。

ところが、親はついつい子どもに対する期待が大きくなり過ぎたり、先程の「ランドルト環」のように、子どもの問題行動ばかりに着目したりしてしまうあまり、3：1どころか、1つもほめないで、子どもの悪いところやできていないところを叱ったり注意したりするばかりの毎日になりがちです。

相手が機械やコンピューターならば、どんどん悪い箇所やバグを発見して直していけば、それだけ良い製品になっていきます。なので、悪いところをどんどん探していけば良いわけです。

しかし、子どもは機械やコンピューターと違い心や感情があります。しがたって、子どもが親に悪いところばかり指摘されたり、直されたり、叱られてばかりでは、気分が悪いばかりか、親の話に耳を傾けなくなり、いつか親子関係が破綻してしまうことにもなりかねないのです。

子どもの当たり前の行動をほめよう

子どもをほめる割合をできるだけ増やそうと思い、子どもの良いところを探してほめようとしても、子どもをほめたり認めたりする割合を、叱ることの3倍までにもっていくことは、正直かなり難しいことに思えます。なぜなら子どもは、そもそもそんなに良いことばかりする訳ではないからです。

では、どうすれば良いのでしょうか？

先にも述べたように、子どもの良い行動ではなく、「普段通りの当たり前の行動」（適応行動）をほめたり認めたりするというのがほめる割合を増やすコツになります。

子どもの「普段通りの当たり前の行動」とは、子どもが朝起きること。歯を磨くこと。「おはよう」と挨拶すること。服に着替えること。朝ごはんを食べること。学校に行くこと。学校から帰ってくること。宿題をすること。友だちと遊びに行くこと。お風呂に入ること。晩御飯を食べること。テレビを見ること。寝ることなど、特別良い行動というわけではなく、ごくごくありふれた何気ない日常の行動を指します。

いくつかのシーンを例にして具体的に見ていきましょう。

【トランプ遊び編】

たとえば、リビングで姉弟が仲よく遊んでいる時、親は特に何も言わないのに、その姉弟がケンカを始めたらどうでしょう？　親は絶対にそれを見逃さず、姉弟を叱らずにはおれません。

そこで親の視点を転換して、これまで見逃してきた当たり前の行動「ケンカをして

いない」状態、すなわち「問題の無い状態」に焦点を当て、そこを「おぉ、一緒に遊んでるんだ。楽しそうでいいねぇ」とほめたり認めたりすることで、子どものほめる割合を増やしていきます。

【宿題編】

宿題もせずにゲームばかりしている。そんな問題のある状態を注意したりすること

がいけないと言っているのでは決してありません。そうではなくて、宿題が終わっていないのにゲームをしていることを注意するのであるなら、その問題の無い状態、すなわち、子どもがちゃんと宿題をしていることを、親がことばに出して子どもをほめてあげることで子どもをほめる割合を増やしたいのです。

まずは「おおっ!」とSAY

子どもをほめる割合を増やすために「子どもの普段通り行動、当たり前の行動をほめる」ことをお話してきました。しかし、ことばで言うのは簡単ですが、実際にやってみようと思うと結構難しいかもしれません。第一、当たり前の行動をほめたり認めたりすることは、家庭内にあってはなかなか不自然な感じがするかもしれません。

そこで簡単に、子どもの普段通りの行動（適応行動）をほめるコツをお話しましょう。

そのコツは、「おおっ！」と人を称賛する時に使

うことば（「称賛の感嘆詞」）の後に、子どもの普段通り行動、当たり前の行動をそのまま描写したり、「おはよう」「おかえり」などの挨拶を加えたりする方法です。オットセイの鳴き声のように、最初に「おおっ！」言う（ＳＡＹ）ので「オットセイ理論」と呼んでいます。

たとえば、朝起きてきた小学生の息子に、お母さんが「おおっ！　起きてきたね」と「おおっ！」と言った後、子どもが起きてきたという行動を描写したり、「おおっ！　おはよう」と挨拶をしたりすることで、子どもを親が上手くほめたり認めたりすることができます。

・「おおっ！　おかえり！」**【挨拶】**
・「おおっ！　おやすみ」**【挨拶】**
・「おおっ！　宿題やってるんだ！」**【行動描写】**
・「おおっ！　二人でテレビ見てるんだ。（面白

そうな番組だな)」【行動描写】
・「おおっ！　自分でやるんだ。(えらいね)」【行動描写】
・「おおっ！　ゲームやってるの。(楽しそうでいいね)」【行動描写】

学校から帰った子どもに「おおっ！　おかえり」と言うと、子どもはお母さんが自分の帰りを待っていてくれたのだと喜びや安心感を得ることができます。「寄り道せずに、事故もなく元気に帰ってきてお母さん嬉しいわ」と気持ちが伝わります。

このように「オットセイ理論」を使うと、子どもは親が自分の存在や行動に肯定的に関心を持ってくれていると感じることができるのです。

家族の中では、なかなか子どもをほめる状況を作り出すことは難しいかもしれませんが、この「オットセイ理論」を使えば簡単に子どもを肯定することが可能になります。ほめ下手でなかなか子どもをほめたりできない方におすすめの子どものほめ方、認め方です。

ぜひ「おおっ！」と言って(ＳＡＹ)みましょう。

《実録！　子育て奮闘記（2）》

ある30代のお父さんは、長男（小6）が入っている野球のリトルリーグチームのコーチでもありました。そのお父さんは、子どもの野球の素振りを決めた回数（1日素振り500回）できたかどうかを帰宅後チェックするのを日課にしていました。まだやってなかったら火を噴いたように子どもを怒っていました。子どもはそれが怖くて、いつも父親が帰ってくる時間になると慌てて素振りをこなす毎日を送っていました。

父は自分にも厳しいが、その分、子どもたちにも厳しくしつけをしていて、決められた約束を守らないと、とても厳しく叱っていました。なので、その家庭では、父が怖くて子どもたちが近寄らず、リビングではいつも父が一人で過ごしていました。

その父が、この「オットセイ理論」を習い、ちょっとした場面で子どもに使い始めました。以前は、父が帰宅した時に素振りをやっていないものなら、「おい、なんでまだやってないんだ！　すぐやれ！」と怒鳴りつけていました。逆に「やった」と答えた時は、父は何も答えないか、「そうか」くらいしか言わなかったそうです。

しかし、「オットセイ理論」を習ってからの父は「おおっ！　やったんだな」とか「おおっ！　そうか」という反応ができるようになったのです。たったこれだけのことですが、長男は父のとても大きな変化を感じ取ったみたいです。なんだか父にほめられているような気がして嬉しかったそうです。それからは父にほめられたくて、以前よりも前向きに毎晩の課題の素振りに取り組めるようになれたし、素振りをやっていないのに「やった」と嘘をつくことがなくなり、「まだやってないけど、後でやるから大丈夫」と長男の口から父に自分の意見をはっきりと言えるようになったそうです。

これまでは、いつ叱られるかと父に対してビクビク怯えていた長男の態度が「オットセイ理論」を使い始めたことにより、少しずつ軟化していったのです。

親のほんの小さな対応の変化が、実は親子の関係性の大きな改善につながっていったというエピソードです。

「今では家族一緒にリビングでテレビを見たりして過ごせるようになりました」と、私に報告してくれた時の母親の嬉しそうな顔が今でも忘れられません。

第七章　子どもを上手く注意するコツ

こんな注意の仕方が効果的―「ソッカーマン」

誰でもほめられると嬉しい。その時に親子の間に緊張が生まれることはまずないでしょう。しかし、子どもの好ましくない行動や問題行動を親が止めさせる時や注意するような時は、親が上手に介入をしないと、止めさせるどころかさらに問題が大きくなり事態をより悪化させることになってしまいます。

本章では、子どもの問題行動に親がいかにしてソフトに介入し、次に同じ問題を起こさないように教育するのか、そのコツについて学びます。

ソフトイン・ソフトランディング

飛行機が飛行場に着陸する際、定められているスピードがまだ充分に速度を落とすことなく滑走路に進入してきたらどうなるでしょう。おそらく着陸後、機体はドーンと大きくバウンドしてものすごく大きな衝撃が発生するでしょう。場合によっては、重大事故を起こしてしまうかもしれません。したがって、着陸する際に、どれくらいまで減速してから滑走路に進入しなければならないかという着陸速度(ランディング・スピード)が法令によって定められています。

滑走路に穏やか（ソフト）に進入（イン）するからこそ、機体に大きな衝撃がなくソフトな着陸（ランディング）が可能となります。

これと同じように、子どもの問題行動に対応する際にも、親の対応の仕方一つで、子どもの反発が大きくなったり、小さくなったりと子どもの受け止め方に大きく影響を及ぼします。

子どもの問題行動への親の穏やかな介入の仕方が、子どもの穏やかな受け止め方につながります。これを「ソフトイン・ソフトランディング」といいます。

この「ソフトイン・ソフトランディング」に有効なのが、「受容的表現」です。

受容的表現「～したい気持ちは分かるけど……」

子どもがテレビに夢中になっていて、呼んでもなかなかご飯に来ない時、親が頭ごなしに「おい、ご飯だぞ。テレビを消しなさい」と、いきなり電源を切ったらどうなりますか？　小さい子どもだったら「もっと見たい！」と泣くかもしれません。もし中学生だったら「なんでいきなり消すんだよ」と大きく反発するのではないでしょうか。

そんな時は、いきなり電源を切るのではなく、「～したい気持ちは分かるけど……」という「受容的表現」を用いて、たとえば「あのなあ、テレビを見たい気持ちも分かるけど、お母さんがごはん作って待ってるからさあ……」と子どもに受容的に話しか

けてみてください。

この「〜したい気持ちは分かるけど……」という「受容的表現」を用いるだけで子どもの反感反発を和らげる効果があります。

その子どもの見ている番組がホントに面白い内容かどうかは、あまり関係ありません。言い方は良くないですが、「受容的表現」を用いることで、分かっているふりをして、頭ごなしに子どもを否定しなければ良いのです。親が「テレビを見たい気持ちは分かるけど」と言うと、子どもは「うるさい！」と言いにくくなります。なぜなら「分かるよ」と受け入れてあげているからなのです。

そうしておいて、その後に「ご飯だからテレビを消すよ」と言えば、子どもは親の言動に反発しにくいですよね。受容・共感してくれる相手（親）の要望は、聞き入れやすくなるものです。

この「〜したい気持ちは分かるけど……」という「受容的表現」は、どこでも使えるとても便利な表現ですので、ぜひ、いろいろな場面で使ってみると良いと思います。

「勉強したくない気持ちは分かるけど……」

「起きたくない気持ちは分かるけど……」

「腹が立つ気持ちは分かるけど……」

ソッカーマン

子どもの反抗心を刺激しないで、子どもの問題行動に介入する、とっておきの方法「ソッカーマン」について紹介します。

「ソッカーマン」は子どものどんな発言にも、親がそれを反論したり否定したりしないで、まず「そっかぁ〜」と耳を傾けて受け入れてあげる方法です（仮面ライダーのシ

ヨッカーを連想させますが、決してそうではありません)。
「ソッカーマン」です(笑)。

親は子どもの発言に対して、どうしても上からの目線で大人としての正論を言ったり、頭ごなしに子どもの言うことを否定したり、子どもの言いたいことに耳を貸そうとしないことが往々にしてあるのではないでしょうか。

そうした時に、子どものどんな意見に対してもまずは「そっかぁ～」と傾聴してあげることで、子どもに共感的に関わることができます。親が言いたいことをまずはぐっとこらえて、「そっかぁ～」と言うことで、子どもの苛立ちや興奮を抑制することができるのです。

このように親の出方しだいで、その後の子どもとのコミュニケーションが変化することがよくあります。特に思春期の高年齢児の場合、威圧的(ハード)な出方は避け、受容的表現を用いてソフトインした方がソフトランディング

できるのではないでしょうか。

バレーボール型からキャッチボール型へ

子どもの問題行動に親が介入する際、子育てにおいて子どもとのコミュニケーションの歯車を噛み合わせながら効果的なしつけを行っていくためには、親の正論や決めつけで子どもを上から押さえつけるように問題に介入するよりも、できるだけ反感反発を招きにくくするために「受容的表現」や「ソッカーマン」などのスキルを実践することをおすすめします。

親はついつい子どもの言動をしっかり受容することもなく、すぐに結論を言ったり、子どもの言い分を否定したりすることが多いように思います。これは例えたらバレーボール型のコミュニケーションになっています。バレーボールは来た球を手につかんだり取ったりせず、す

ぐさま別の人にトスしたり打ち返したりします。それではコミュニカティブな状態を維持できません。

そうではなくキャッチボール型のコミュニケーションになるよう工夫をすると良いでしょう。子どもから来た球は、すぐさま打ち返したりせず、一旦ちゃんとしっかりと受け止めてあげた後、「でもね……」と返すキャッチボール型のコミュニケーションを意識して頂きたいと思います。

《実録！　子育て奮闘記（3）》

ある児童養護施設の職員さんからの報告です。

その施設は6名の児童が一つのユニット（小舎）で暮らすユニット制の養護施設で、3名の職員が交代で6名の低学年の子どもたちの養育に当たっていました。

そのユニットが新しく立ち上がったばかりの頃、虐待など家庭的な問題が原因で措置された子どもばかりでしたので、大人に対する警戒心が強く、なかなか子どもたちからの発話がなく、職員と児童とのコミュニケーションが上手く取れないことで困っていたそうです。

学校からのいろいろなお知らせや変更などの情報も子どもたちから上手くユニットの職員に伝わることが少なく、職員はその都度、子どもたちが通っている学校へ電話を入れて尋ねないといけないような状況だったそうです。

そこで、施設職員向け研修で本アプローチの研修を受講したそのユニットのリーダーが、受講後、早速、この「ソッカーマン」を取り入れ、そのユニットを担当する職員全員が、3ヵ月間、徹底して子どもの発話には、まず「そっかぁー」(「そうなんだ」「そうなんや」)と受容することから会話を始めるようにしたそうです。

その結果、3ヵ月後には、子どもたちが我先にと職員にいろんな話をしてくれるようになり、今では、「今日は○○ちゃんが、授業中に先生に怒られたよ」など学校で起こる日々の小さな出来事までも伝えるようになって、ずいぶんとユニット内での子どもたちと職員とのコミュニケーションがスムーズに取れるようになりましたと、そのユニットのリーダーが嬉しそうに報告に来てくれました。

家庭に限らず、子どもとのコミュニカティブな関わり方を構築するための一つのヒントとして「ソッカーマン」を活用してみたらいかがでしょうか。

第八章　名古屋方式

活動の経緯

活動を始めたきっかけ

私がこの活動を始めたきっかけは、自分の愛娘を障害で亡くしたことで、今この世に生きているすべての若者に「生かしの道」を拓いてあげたいと思うようになったことです。

私は名古屋市内で親子二代にわたり、約40年にわたり里親をしています。２０２１年までの間に30人以上の里子の養育に関わらせてもらってきました。以前、両親が里親をしていた頃は非行傾向にある少年・少女が里子として委託されることが多かったのですが、今はほとんどが親から虐待をされた子ども（被虐待児童）たちです。

発達に問題のあるお子さん、愛着障害のお子さんも多く、長年、養育の難しい里子さんと向き合ってきました。（自分で言うのも恥ずかしいのですが）親子二代にわたりよく頑張ってきたと、それまでの活動にそれなりの自負を持っておりました。

しかし、十数年前に娘を亡くしてから、「本当にそれで良いのか……」「里親として被虐の里子たちを養育しているだけで満足して良いのか……」と、自分たちのしている活動に少し疑問を感じるようになったのです。

いつしかその疑問は、せっかくこの世に愛されるべき存在として生まれてきたのにも関わらず、親から虐待をされる子どもたちがこれほどまでにも大勢いることへの憤りと変わっていったのです。

児童相談所の引っ越し

２０２１年からちょうど10年前、その思いを行動へと移行させる決定的なことが起こりました。

それは、なんと我が家のすぐ目の前に名古屋市児童福祉センター（名古屋市児童相談所）が引っ越してきたのです。歩いて数十歩という本当に目と鼻の先の場所に。

この至近距離に児相が引っ越してきたことで、これまで被虐児の里子を通して見てきた

左：名古屋市児童福祉センター（児相）
右：青少年養育支援センター陽氣会

「児童虐待」という社会問題を各段に身近に感じることとなりました。

あの時の「子どもの叫び声」が活動の原点

ある初夏の午後、私の家のすぐ目の前にある児童相談所の屋上あたりから、おそらく一時保護されていると思われる子どもの「ママー、ママー」と泣き叫ぶ声が聞こえてきたのです。そしてまた次の日にも、今度は中学生くらいの男の子の声で「ちくしょー、ちくしょー」と大声で叫ぶ声が私の耳に入ってきたのです。

私からその児童相談所内の一時保護所から叫ぶ子どもたちの姿を確認することはできませんでしたが、確かに聞こえたのです。

あの時の子どもたちの叫び声が今の活動の原点になっています。

児童虐待防止活動への決意

私は目の前にある児相に併設されている「一時保護所」にいるその子どもたちの悲痛な叫び声を耳にし、

「本当の児童福祉とは、虐待をされる子どもたちや里親宅に委託されてくるような子どもたちをこの社会から一人でも減らしていくことではないか」

という考えに至ったのです。

そして、里親としての活動に加えて、児童虐待の発生を予防する取り組みを始めました。多くの子育てに悩む親の声に耳を傾け、どうしたら叩いたり怒鳴ったりしないで子どもを育てられるのか、子育ての負担を減らすことができるのか、真剣に向き合ってきました。

青少年養育支援センター陽氣会の発足

そして、我が家に隣接していた空きビルを購入し「青少年養育支援センター陽氣会」を立ち上げ、当会独自の「ＳＳ式イライラしない子育て法®（ＣＰＡ）」（注1）を開発し、子育て中の親に向けてのレクチャーはもちろん、子育て支援者に向けての講座や、トレーナーや講師などの指導者養成をはじめとし、児童虐待防止に関するさまざまな活動に取り組み始めました。

（注１）

暴力や暴言などの脅しではなくコミュニケーションによって子どもを育てる「ＳＳ式イライラしない子育て法®」。

現在、全国のさまざまな場所で「イライラしない子育て講座」を年１００回ほど開催し、受講者は年間２０００〜３０００人を数えます。この子育て法は、２０１５年

「イライラしない子育て講座」には、ママはもちろん、さまざまな立場の子育て支援者がまなびを求めて受講しに来ています。

「ＣＰＡトレーナー養成講座」には、保育士、児相職員、里親など、多くの子育て支援関係者が受講しており、現在全国に４５０名の指導者がいます。

より名古屋市において児童虐待を行った保護者への再発防止のための支援事業に採用され、多くの実績を挙げています。また、子育て支援者にとっても、この子育て法は実際の支援に活きる「まなび」となっており、各方面から好評をいただいています。

止まらない児童虐待

最近いたるところで、「虐待？　と思ったら『１８９（いちはやく）』へ！」などのポスターや児童虐待防止のシンボルマークである「オレンジリボン」を目にするようになりました。児童虐待防止対策に国が費やす予算は年間１６９８億円(令和元年度)にもなります。しかし、虐待は減るどころか、増加の一途をたどり、令和２年(２０２０年）度では全国で約20万件を超える児童虐待が発生しています。そして、この数は平成２年（１９９０年）度の統計開始以来、一度も減少したことがなく、この30年間で児童虐待の件数は１８６倍にもなっているのを皆さんご存知でしょうか？

この30年の間、国や市町村が何もしてこなかったわけではありません。平成12年（２０００年）に「児童虐待の防止等に関する法律」(通称「児童虐待防止法」)が成立。

児童相談所での虐待相談の内容別件数の推移

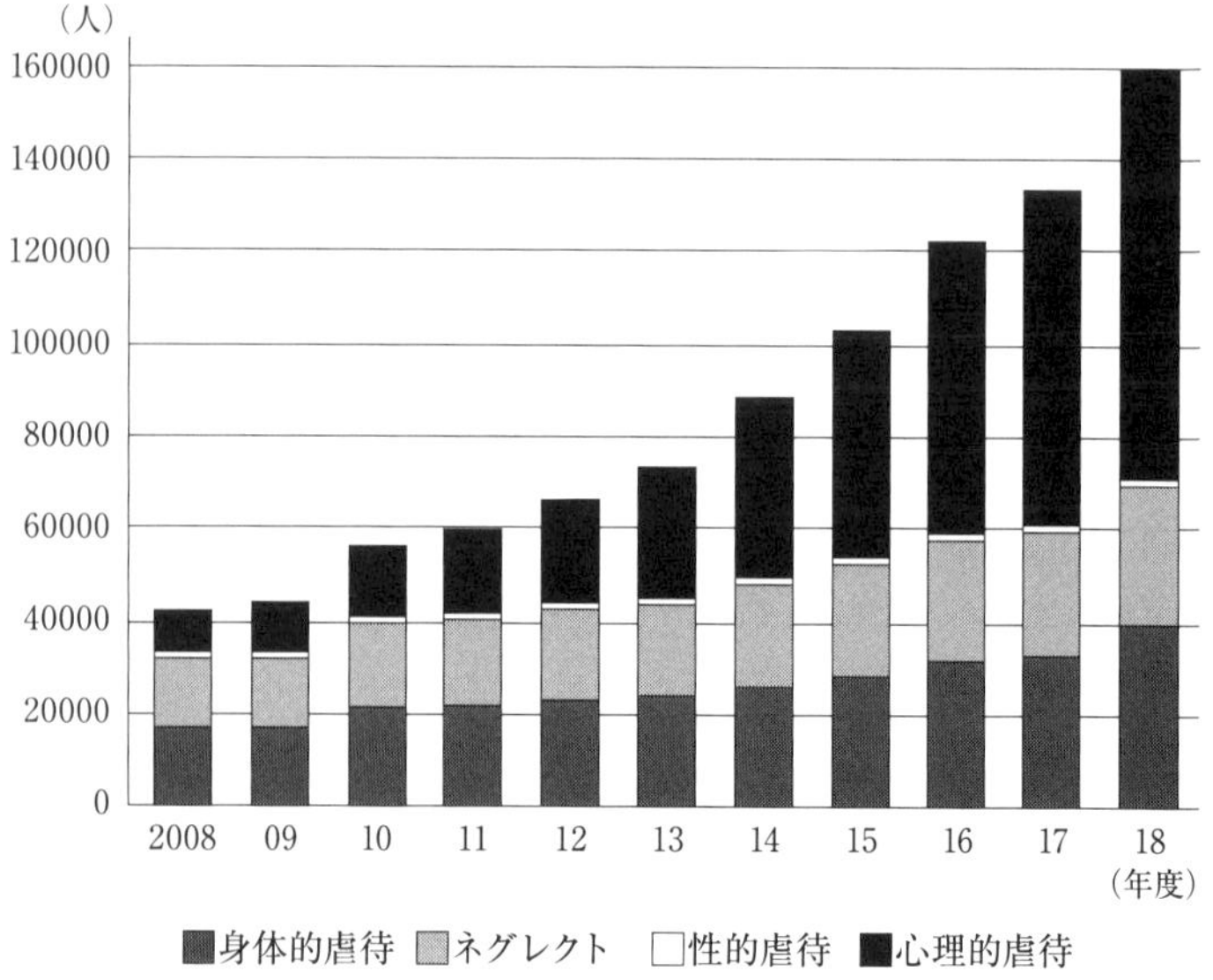

2018年度は速報値、2010年度は東日本大震災の影響により、福島県を除いた数値

出典：nippon.com
https://www.nippon.com/ja/japan-data/h00517/

２０２０年４月には、後を絶たない児童虐待問題への対応を強化するため、親権者などによる体罰を禁止する「改正児童虐待防止法」も成立しました。それ以外にもあの手この手で対策は講じてきていることは否定しません。

しかし、法律を強化したり、全国の児童相談所やその職員の数を増やしたりしたところで、児童虐待が減るわけではありません。それはこれまで30年の歴史が証明しています。

では、いったいどうすれば良いのでしょうか。

すべての親に子育ての仕方を学べる機会を！

私の子育て相談のクライアントには、多くの虐待をしてしまった親御さんがいます。そうした方々に私がよく言われるのは、

「もっと早く子育ての仕方を習っていたら、私だって虐待親にならず済んだはず」（30代

「イライラしない子育て講座」のようす

実母）

「まわりに誰も子育てに協力してくれる人も教えてくれる人もいなかった」（40代　実母）

「子どもが悪いことをしたら叩いて当たり前だと思っていました」（20代実父）

「自分も叩かれて育ったから、それ以外の育て方などまったく知らなかった」（30代　継父）

という嘆きのことばです。なかには、机を叩きながら「なんでもっと早くこういうこと教えてくれないんですか！」（30代　実父）と目を真っ赤にして私に訴えた方もおられました。

今、世の中には、「子どもを虐待する親なんて信じられない」「人間として間違っている」「そんな親は犯罪者同然だ」と、「犯人」扱いをする風潮が蔓延しているように思います。

たしかに、子どもを虐待することは人にほめられるような行為ではなく、子どもの一生に大きな傷を残す絶対に間違った行為です。しかし、そういう間違った子育てをする親の中にも、子どもが憎いだけで叩いたり怒鳴ったりしている親ばかりではないのです。怒鳴る叩くなどの「マルトリートメント」と言われる不適切な育て方以外のしつけの方法がわからないから、そうせざるを得なかった親御さんもたくさんおられるのです。むしろそういうクライアントにしか私は出会ったことがありません。

だからこそ、私は声を大にして訴えているのです。「子育ての無免許運転を止めさせましょう！」と。

ミルクのあげ方や抱っこの仕方、お風呂の入れ方などを教えてくれる「パパママ教室」は、既に保健センターや産婦人科などで数多く開催されています。しかし、子どもが2歳―3歳になって、しつけが始まるくらいのときに、どうやって子どもをしつけていったら良いのか。悪いことをしたらどう注意をすれば効果的なのか。また子どもをたくさんほめるにはどうすれば良いのか、など子どもの育て方を教えてくれる場所や機会は皆無に等しいのが現状です。

子育てが上手くいかなくなってイライラしている親も、これから子どもが生まれて子育てが始まる親も、まずはどんな親も子どもの育て方、向き合い方、コミュニケーションの仕方を学ぶことが肝心です。そうした機会をたくさん作ることが、しいては児童虐待の減少にもつながっていきます。今こそ、すべての親に子育ての仕方を学べる機会を作るべきではないでしょうか。

次に、名古屋で現在行われている児童虐待防止に向けた子育ての「まなび」に関する動きについて紹介していきます。

名古屋方式の紹介

児童虐待防止に向けた名古屋市の取り組み―三本の矢―。

名古屋市では、２０１１年（平成23年）に児童虐待死事件が起こっており、児童虐待防止の上に２０１３年（平成25年）には「名古屋市児童を虐待から守る条例」が制定されるなど積極的な取り組みを展開しています。

一の矢【虐待の早期発見・早期対応のための取り組み】

児童虐待の早期発見に向け、関係機関が連携する体制の整備、また早期発見についての広報・啓発の実施を行っています。具体的には、児童福祉士、児童心理士の増員

「児童虐待相談対応件数」推移

名古屋市

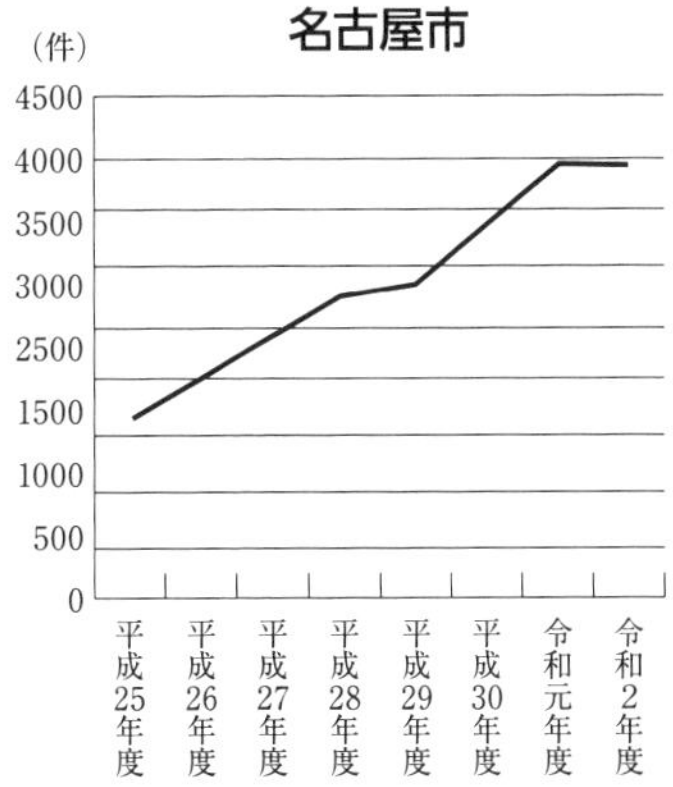

全国

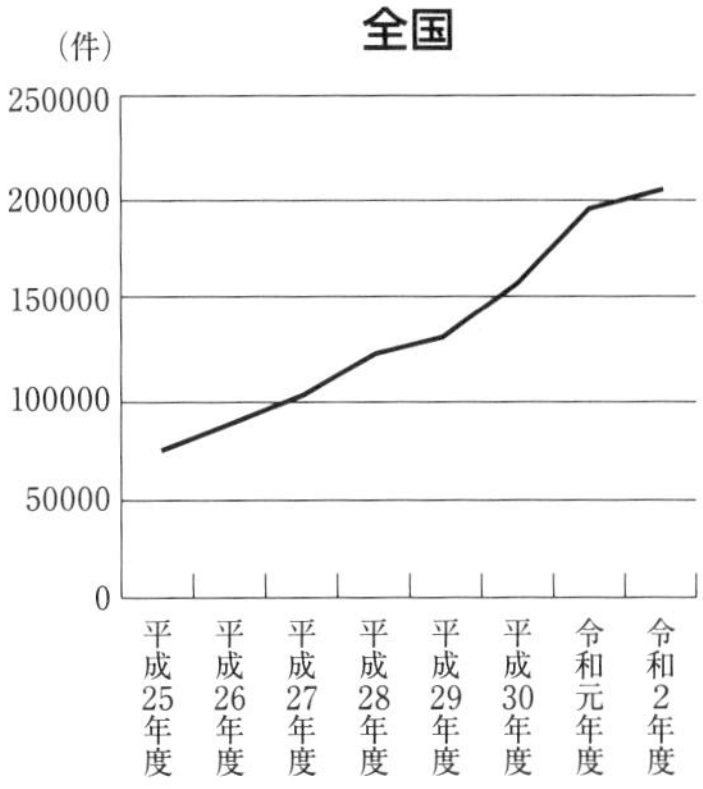

名古屋市（令和2年度）
3,865件

全国（令和2年度）
205,029件

参考：厚生労働省ホームページ

やさまざまな支援ネットワークの構築、弁護士資格を有する主幹の配置や愛知県警からの人員派遣など多様な取り組みが行われています。

二の矢【虐待を受けた児童の保護支援─保護者支援事業─】

名古屋市では、２０１５年度（平成27年度）から児童虐待の再発防止を目的として、児童虐待をしてしまった保護者に対し、同じ過ちを繰り返させないようにするための保護者への援助の取り組みの一つとして、「保護者支援事業」（正式名「名古屋市児童相談所における児童虐待再発防止のための保護者支援事業」）を実施しています。

これは、児童相談所が継続的に指導を行っている家族のなかで、特に再発防止の支援が必要な保護者に対して、名古屋市の児童相談所内において、個別に月に１、２回程度、１回概ね2時間の講義及びロールプレイングを中心とした実践的な子育ての練習講座を全８回にわたって実施するものです。

本事業は、２０１５年度（平成27年度）から2年間モデル事業として実施をし、本事業の効果を検証した後、２０１７年度（平成29年度）から名古屋市の正式な事業と

「保護者支援事業」実施件数　名古屋市

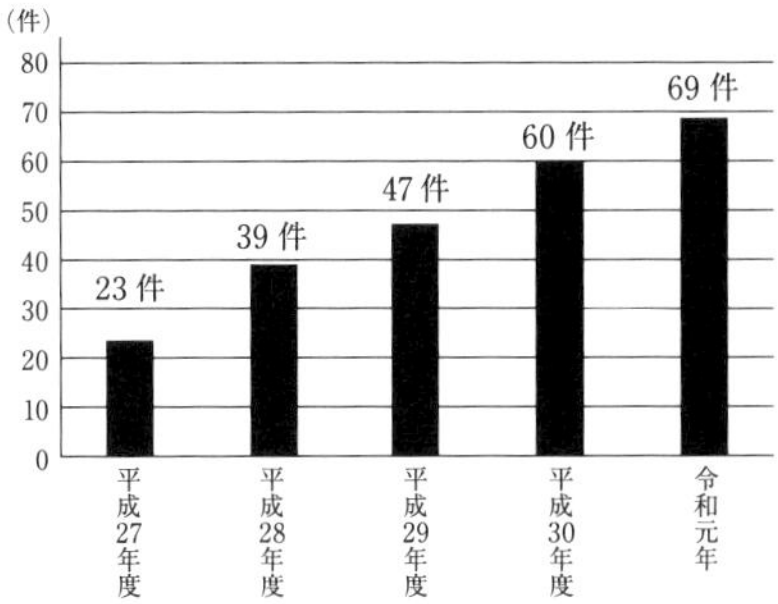

参考：名古屋市ホームページ

して本格実施されています。現在、年間約40件のケースについて本事業が実施され、イライラしない子育て法を学んだ多くの保護者から「子どもの度々繰り返される問題行動にどう対処したら良いのかが分かった」「子どもに発達上の問題があって、どう育てたら良いかが分からずに困っていたが、具体的な方法を教わって良かった」「反抗期まっさかりの子どもへの接し方が分かった」「もっと早く聞いていたら、私も子どもを叩いたりしないで済んだのに……」等と多くの好評を得ています。

三の矢【発生予防のための取り組み】

現在は、「保護者支援事業」において虐待をしてしまった保護者に有効とされる「SS式イライラしない子育て法」を、これから子育てにつまずいたりするかもしれない一般の保護者にも広く受講してもらい、将来、子どもをイライラして怒鳴ったり叩いたりなどする不適切な子育てに陥ってしまう保護者を減らしていく児童虐待の発生予防に向けた動きが活発になっています。多くの区役所、幼稚園・保育園、学校、子育て応援拠点、支援拠点等で「イライラしない子育て講座」というタイトルで年間100回近い子育て講座が開催されています。

また「未来のパパママ・プロジェクト」というタイトルで、市立大学や市立高校の学生に授業の一環として、将来、親になった時の参考にしてもらうために子育ての勉強をしてもらう取り組みも実施されています。

これからの子育て支援のあり方

子育て≠孤育て　地域子育てコミュニティの活用

前述したように本来人間の子育ては孤立して行うものではなく、「共同養育」と言って周囲の人たちに協力してもらいながら共同で行うものなのです。しかし、現代社会の情勢、家族形態からすると、どうしても以前のようなじいちゃん、ばあちゃんが家にいて、大家族で子育てをする、またご近所付き合いが活発で、地域の人々が協力してくれるような環境で子育てを行う形態の「共同養育」は、これからも非常に難しいように思われます。

しかし、今はいろいろな社会資源が用意されています。「子育て家庭支援センター」「子育て応援拠点・支援拠点」「子育てサロン」「ファミリーサポート事業」「児童相談所」「児童館」「学童」など公的な資源や、ＮＰＯ法人や社会福祉法人が運営する「子育てひろば」「子育てサークル」など民間の資源があります。

もっともっとそうした社会資源を量的にも質的にも充実させていくと同時に、広く親御さんたちに周知すること。そしてそれを利用する人は、決して力がないからではなく、力を持っているが故にそうした資源を利用するのだという認識を大勢の方々に持ってもらえるように、社会に訴えていく必要があるのではないでしょうか。むしろ、こうした社会資源を利用しながらの「共同養育」ならば可能ではないかと思います。

昭和時代のような家庭や地域を中心とする共同養育から令和時代の社会資源を活用した共同養育をさらに推進していく必要を強く感じています。

訪問型支援の充実

これからの子育て支援のあり方の一つとして、訪問型支援があります。訪問型支援とは、親が特定の場所に子どもと出かけるのではなく、支援者が家庭を訪問し支援を行うというものです。

そもそも小さな子どもを持つ親が、子どもを連れて出かけるのは、お出かけの準備にしても、また目的地へ行くまでの移動手段にしても、親にとってはかなり面倒なことが多いです。気力も体力も消耗します。子どもにも負担かもしれません。

そこでアウトリーチ型の支援が必要になってくると思います。

支援員が、月1回程度、親御さんの要望に合わせて訪問し、決められた時間内で老人介護のヘルパーのように、子育てでお母さんが少しでも楽になるような掃除、洗濯、炊事、子守などの生活面における支援を行います。そうした生活面のサポートを代行する間に、お母さんが普段できなくて困っていることに取り組んでもらうのです。

もし、必要があれば子育てのアドバイスや注意事項などを親の目線でしてあげると、心の迷いも晴れることに繋がるのではないかと期待しています。

オンラインの活用

「オンライン子育てサロン」とは、Facebook、LINE、Zoom などの SNS を用いて、インターネット上で子育て中のママやパパが繋がり、子育ての悩みや不満を話し合ったり、さまざまな有益な情報を共有しあったりできるオンライン上のサロンのことです。コロナ禍のなか、小さな子どもを連れて外出しにくいママたちの憩いの場として活用されています。

当会（青少年養育支援センター陽氣会）においても２０２０年５月より「オンライン子育てサロン」の運営を開始しました（※詳細は「陽氣会」ホームページ https://youkikai.net をご覧ください）。

自宅にいながら、子育てスキルを学んだり、子育ての相談ができたりとたいへん好評で、多くの方に利用されています。

おわりに

子どもにストレスを与え、脳の発達を阻害するような暴力や暴言などの脅しや力による子育てではなく、親子のコミュニケーションの歯車を上手くかみ合わせながら、少しずつ子育てをしていきましょうという「コミュニカティブ・ペアレンティング・アプローチ（ＣＰＡ）」のお話をさせて頂きました。

私は父の代から里親として児童養護に携わらせて頂いてきました。自分で言うのもなんですが、里親って結構たいへんなのです。特に最近の委託児童は被虐待で愛着や発達の問題を持っている里子が多く、私だけではなく、大勢の里親さんがたいへんな苦労をしながら里子の養育に取り組まれています。実は以前私はこうして児童養護に微力ながら携わらせてもらえていることを自負していました。また、それで充分だと思っておりました。

しかし、ある時もっと大切な視点が抜けていたことに気づかされたのです。それは、そうした虐待を受ける子どもがいない世の中を作るということでした。

「STOP!・ザ・児童虐待」と訴えるだけでは、虐待される子どもを減らすことはできません。子育てにつまずいている親への支援が必要なのです。私はこれまで名古屋市の「保護者支援事業」での活動を通じて大勢の虐待をしてしまった保護者の方と交流してきました。その人たちのなかで子どもに対する愛情を持っていない親は一人もいませんでした。皆、我が子のために一生懸命に子育てをしてこられた方ばかりでした。ただ、共通している点は、そのやり方、方法が間違っているだけなのです。別のもっと良い育て方を知らなかったということでした。

子育ては愛情や熱意と言った「思い」や「気持ち」だけでは上手くいかない、良い結果を伴わないことがたくさんあります。正しい子育てのコツ（スキル）を学び、活用していけば必ず子育ては良い方向へと向かっていきます。

今、「子育ては学ぶ時代」が始まっています。周りに子育てを支援する人がいない、または見つけにくい時代だからこそ、親が子育てのコツを学び、足りない部分を補っていく必要があると感じています。

虐待される子どもたちを日本から少しでも減らしていくために、虐待の再発防止にこのアプローチを活用して頂けたら、また、できればこれから親になっていく若い人たち、これから子育てにつまずくかもしれない子育て中の方々に知って頂き、参考になればと切に願っております。

本書が、子育てに奮闘しておられるお父さんお母さんの、笑顔で育てる子育ての一助としてお役に立つことを心から願っております。

末筆ながら、本書の発刊にあたりご協力頂いた松岡恵子さん、杉江慶太郎さん、イラストレーターの野田真一さん、桜山社の江草三四朗さんに改めて御礼申し上げます。

２０２１年９月吉日

杉江　健二

杉江　健二（すぎえ　けんじ）

１９６８年、名古屋市に生まれる。一般社団法人青少年養育支援センター陽氣会代表理事。ＮＰＯ法人あいち子育て支援プログラム研究会理事長。「ＳＳ式イライラしない子育て法®」（Communicative Parenting Approach　コミュニカティブ・ペアレンティング・アプローチ）開発者。天理教美張分教会長。

早稲田大学教育学部卒業。大阪大学大学院修了。長年、里親として児童福祉活動に携わる。

現在は、ファミリーホーム「陽氣道場」を運営する傍ら、名古屋明誠高等学院学院長、不登校支援相談員として不登校、ひきこもり問題にも取り組む。各地で子育て講演会（「イライラしない子育て講座」）を開催する。また、児童相談所の依頼による職員研修も行う。名古屋市からの委託事業として「名古屋市児童相談所における児童虐待再発防止のための保護者支援事業」（通称：「保護者支援事業」）を６年間にわたり実施。

これまでの子育てに関する相談実績のべ４０００人。年間の講習会、研修・指導活動は１００回を超える。

編集協力　松岡　恵子
　　　　　杉江慶太郎
画　　　　野田　真一
装丁　　　三矢　千穂

イライラしない子育て

2021年10月10日　初版第1刷　発行

著　者　杉江　健二

発行人　江草　三四朗

発行所　桜山社
〒467-0803
名古屋市瑞穂区中山町5-9-3
電話　052（853）5678
ファクシミリ　052（852）5105
https://www.sakurayamasha.com

印刷・製本　モリモト印刷株式会社

ISBN978-4-908957-18-5 C0036

桜山社は、

今を自分らしく全力で生きている人の思いを大切にします。
その人の心根や個性があふれんばかりにたっぷりとつまり、
読者の心にぽっとひとすじの灯りがともるような本。
わくわくして笑顔が自然にこぼれるような本。
宝物のように手元に置いて、繰り返し読みたくなる本。
本を愛する人とともに、一冊の本にぎゅっと愛情をこめて、
ひとりひとりに、ていねいに届けていきます。